GEEF ME DE MOED

Van Simone Foekens verschenen eerder bij
Uitgeverij Zomer & Keuning o.a.

Dubbelspel
Hostel aan zee
Zoals je bent
Verscheurd
Tweede kans

Simone Foekens

Geef me de moed

Z&K

Uitgeverij Zomer & Keuning

ISBN 9789020540215
ISBN e-book 9789020540222
ISBN Grote Letter 9789020540239
NUR 344

Postbus 13288, 3507 LG Utrecht

Omslagontwerp Liesbeth Thomas, t4design

www.lezenisdromen.nl
www.romanserie.nl

Uitgeverij Zomer & Keuning vindt het belangrijk om op milieuvriendelijke en verantwoorde wijze om te gaan met natuurlijke bronnen. Voor de papieren editie van dit boek is daarom gebruikgemaakt van papier waarbij zeker is dat de productie ervan niet heeft geleid tot bosvernietiging.

Geef me de moed om te veranderen wat ik kan veranderen.
Geef me de wijsheid om te accepteren
wat ik niet kan veranderen.
Geef me het inzicht om het verschil tussen beide te zien.
- Franciscus van Assisi

Beter gevallen dan nooit gesprongen
En beter de liefde verloren dan nooit liefgehad
- *Het lied van Petrus*, Stef Bos

Lezen is dromen
met open ogen

Voor Roy

Houd de moed om te veranderen wat je kunt veranderen
en blijf slingers ophangen overal waar je komt.
De wereld is mooier met jou.

1

'Ik ben moe.'

Een moment houdt Jantine het schuursponsje stil, daarna schrobt ze dubbel zo hard verder. De gootsteen glimt en blinkt allang, toch gaat ze door.

Zeg niets, ga er niet op in, houdt ze zichzelf voor. Geef hem geen ruimte om weer af te haken. Ze heeft zich zo verheugd op vanmiddag. Och, en wat gaan ze nu helemaal doen?

Op bezoek bij Elly en Jan, die deze week in een huisje bij Nijverdal zitten. Even de benen strekken en de Holterberg op, is het plan. Het zal er prachtig zijn nu de bladeren beginnen te verkleuren en de paddenstoelen uit de grond schieten. Het weer is ook perfect voor een wandeling, droog, zonnig en niet al te koud.

'We hebben Elly en Jan al eeuwen niet gezien,' zegt ze dan toch.

'Zeeland is ook ver,' zegt Karel.

'Ja, daarom moeten we er nu van profiteren dat ze zo dichtbij zitten.' Het klinkt niet zo rustig als ze wil.

Ze laat de kraan lopen, het water klettert in de gootsteen en spat op het aanrecht. Met wilde gebaren spoelt ze het sponsje uit, en driftig veegt ze met het vaatdoekje de spetters van het aanrecht. Ruw droogt ze haar handen af.

'Ik weet het, schat.' De stem van Karel klinkt zacht. Ze kan hem in de keuken amper verstaan.

Ze geeft geen antwoord.

'Ik ga even liggen.' In de weerspiegeling in het raam ziet ze hem langzaam opstaan. Hij legt in het voorbijgaan zijn hand op haar schouder en sloft naar boven.

Zuchtend hangt Jantine de handdoek aan het haakje. Hopelijk knapt Karel wat op van het dutje, anders pakt ze haar eigen autootje en gaat ze alleen naar Elly en Jan, besluit ze. Ze heeft er weken naar uitgekeken om ouderwets bij te praten met haar kleuterschoolvriendin, dat laat ze niet schieten.

Ze wil de stofzuiger uit de gangkast pakken om het volgende punt op haar programma af te werken. Nee, beter van niet. Karel zou er wakker van kunnen worden. Aan haar zal het niet liggen als het bezoek niet doorgaat. Stofzuigen komt later wel.

Ze vult de plantengieter met water. Terwijl ze alles wat zo uitbundig groeit en bloeit in huis van een scheut broodnodig water voorziet, beseft ze dat ze zich nu wel kan voornemen om alleen te gaan, maar ze weet ook dat ze het toch niet doet. Ze is nog steeds niet gewend aan de veranderde verkeerssituatie rond Nijverdal. Daarvoor rijdt ze eigenlijk te weinig. Autorijden is niet bepaald haar hobby. Elly rijdt helemaal niet. Ze heeft niet eens een rijbewijs. Ze heeft er nooit zin in gehad om het te halen en het is ook nooit nodig geweest. Soms is ze daar jaloers op. Voor haar is elke rit buiten de bebouwde kom een zelfoverwinning. Karel dringt er al niet eens meer op aan dat zij rijdt als ze samen ergens heen gaan. Hij weet hoe erg ze er altijd tegenop ziet om te moeten rijden. Zeker als hij naast haar zit en het niet kan laten commentaar – aanwijzingen, noemt hij het zelf – te geven. Toch dwingt ze zich er tegenwoordig elke dinsdag toe als ze op haar kleinkinderen in Enschede past. Met het openbaar vervoer is het ook best te doen. Ze heeft het weleens uitgezocht. Oké, je doet er iets langer over, maar het scheelt ook veel stress. Sabine en Jos wonen ideaal. Vlak bij scholen en winkels. Daar heeft ze de auto niet nodig. De bushalte is ook vlakbij. Het punt is dat ze zich niet wil laten kennen door het openbaar vervoer te nemen, en daarom overwint ze zichzelf elke keer weer om met de auto te gaan. Het is ook wel goed, want als ze helemaal niet meer zou rijden, dan zou het niet lang duren of ze stapte nooit meer achter het stuur. Ook al heeft ze geen plezier in autorijden, het is wel praktisch dat ze die kunst machtig is.

Ze plukt wat uitgebloeide bloemen uit een geranium. Ach, het is niet alleen het autorijden. Het is ook vervelend om Karel alleen te laten. Ze ziet wel dat hij het ook naar vindt als hij zo moe is. Ze heeft al honderd keer gezegd dat hij wat aan zijn conditie moet doen, zijn levensstijl wat moet aanpassen. Eerder naar bed, langere nachten maken, gezonder eten, lekker bewegen. Het is grotendeels tegen dovemansoren gezegd. Het gebeurt regelmatig dat Karel om negen uur al naar boven gaat, maar gisteravond liep het tegen halftwaalf. Er was een oorlogsdocumentaire die hij af wilde kijken. Biertje erbij. En dat terwijl de prednisonkilo's er nog lang niet af zijn en hij wist dat ze vandaag naar Elly en Jan zouden gaan.

Zo, de planten zijn verzorgd. Trots kijkt ze de kamer rond waar overal planten staan. Veel ervan heeft ze zelf gestekt. Het bezig zijn met haar planten geeft haar altijd rust.

Nu heeft ze alleen nog stofzuigen op haar lijstje staan. Dat zal moeten wachten tot Karel uit bed is en misschien zelfs tot morgen. Dat is niet erg. Ze is sinds jaren gewend om op woensdag het hele huis door te gaan. Voor Matt naar school ging, bracht Sabine de kinderen altijd hier op dinsdag, waardoor ze woensdag de ideale poetsdag vond.

Ze maakt een kop koffie van versgemalen bonen en laat haar vinger langs het zwarte koffieapparaat glijden. Een duur ding, dat ze van de kinderen hebben gekregen voor hun vijfendertigste trouwdag. Ze glimlacht. Dat hebben Karel en zij gemeen. Ze zijn allebei koffieliefhebbers en behoorlijk kieskeurig in wat ze wel kunnen waarderen en wat niet. Hiermee hebben ze altijd een vers en heerlijk smakend bakje koffie.

Ze neemt het gebloemde kopje mee naar de kamer, waar ze in haar favoriete stoel gaat zitten, en vouwt haar handen om het troostend warme kopje. Precies als ze geniet van het laatste slokje hoort ze het bed boven kraken. Karel is weer wakker.

Karel geeuwt. Hoe laat is het? Hij zou nog uren kunnen slapen. Hij tuurt op de wekker, die eigenlijk net iets te ver weg staat om het goed te kunnen zien. Het is bijna kwart over twaalf. Zo heel lang heeft hij dus niet geslapen. Toch heeft het hem wel goedgedaan. Hij heeft het gevoel dat hij er weer even tegenaan kan.

Hij frist zich in de badkamer wat op en haalt een kam door zijn haren. De geur van koffie komt hem tegemoet als hij de trap af loopt. Zoals hij verwachtte, zit Jantine in het gebloemde stoeltje waar ze zo graag in zit, een leeg kopje in haar handen. Hij geeft haar een kus.

'Hoe laat moeten we weg?' vraagt hij. Het is zijn manier om te laten weten dat het vanmiddag doorgaat zoals afgesproken was. Hij herkent de trek van opluchting op haar gezicht.

'Ik heb er zin in,' zegt hij hartelijk. 'Zou Jan nog steeds kitesurfen?'

'O, vast,' knikt Jantine. 'Heb je zin in een gebakken eitje?'

'Lekker,' zegt Karel. 'Als jij de eitjes bakt, dan dek ik vast de tafel.'

Ze zijn een team, een goed team. Altijd al geweest. Tegenslagen hebben ze steeds samen overwonnen. Soms was het moeilijk en moesten ze veel van zichzelf investeren in hun relatie. Het was het uiteindelijk altijd waard. Steeds durfden ze vooruit te kijken en elkaar te beloven: wacht maar, straks zal alles beter en makkelijker zijn.

'Straks' stond meestal voor 'als de kinderen de deur uit zijn'. Geen zorgen meer over school of studie, geen stress meer om puberkuren, je niet meer druk maken om de troep die ze achterlaten. Nee, straks als de kinderen hun eigen leven hebben, dan is er zoveel minder om rekening mee te houden en je druk over te maken, dachten ze.

Wat hebben ze in de loop der jaren veel plannen gemaakt. Het ene nog mooier en ambitieuzer dan het andere. Reizen, hobby's, een poos naar het buitenland, meer vrijwilligerswerk misschien.

Nu zeggen ze geen 'straks' meer. De kinderen zijn al een aantal jaar de deur uit, dat wel, maar het zorgeloze 'straks' lijkt eenvoudigweg niet te bestaan. Ergens beseften ze wel dat er in elke periode van het leven moeiten en zorgen kunnen zijn. Toch dachten ze bij 'straks' en 'later' alleen maar terug aan de begintijd van hun huwelijk, toen ze nog zorgeloos, ontspannen en topfit waren. De wereld lag aan hun voeten en mooie avonturen wachtten erop tot zij ze uitkozen om te beleven.

Hij schrikt bijna als hij de hand van Jantine in zijn rug voelt.

'Je bent aan het dromen. De eieren zijn klaar.'

'O ja, sorry.' Vlug zet hij de borden die hij in zijn handen heeft op tafel. Bestek ligt er al, beleg staat er ook. Alleen nog brood in het mandje en natuurlijk zout en peper voor op het ei.

Het is ouderwets gezellig met Elly en Jan, constateert Jantine tevreden. Al is het een vakantiehuis met een fantasieloze, doelmatige inrichting, toch gaat er een sfeer van uit. Dat is een talent van Elly, weet ze. Waar Elly is, daar is het gezellig. Als kind had ze dat al over zich. Jan met zijn voorliefde voor het bourgondische leven versterkt dat alleen maar. Hoe krijgen ze het voor elkaar om overal waar ze zijn meteen uit te vinden wat de beste slager is en welke bakker het lekkerste brood en gebak verkoopt?

'Verrukkelijk,' zegt Jantine. Met haar vinger tipt ze de laatste kruimels van het schoteltje.

Bedrijvig staat Elly op en ruimt de kopjes en schoteltjes weg. Jan werpt een blik naar buiten. 'Een jas is niet nodig,' vindt hij. Hij hangt een fotocamera om zijn nek. Het toestel rust op zijn buik, die van een royale levensstijl getuigt.

Jantine springt vlot overeind. 'Ik vond het wel frisjes, hoor, een vestje is geen overbodige luxe.' Ze kijkt haar man aan.

Karel aarzelt. Hij voelt de vermoeidheid die zich alweer

langzaam maar zeker over zijn lichaam uitspreidt. Zijn benen voelen zwaar en zijn ogen zouden graag even dicht willen.

'Kom op, dit kun je. Je weet hoe Jantine zich erop verheugd heeft,' spreekt hij zichzelf onhoorbaar toe. Zo soepel als hij kan staat hij op en warempel, als hij eenmaal aan het lopen is, gaat het best lekker. Het is aan de warme kant voor de tijd van het jaar. Hij ritst zijn jas los. Zo is het lekker. Niet te warm en niet te koud.

Jantine en Elly praten druk, en Jan ziet in elk doorkijkje en elke paddenstoel een foto. Hij neemt uitgebreid de tijd om de kiekjes te maken en legt steeds aan Karel uit waarom hij welke instellingen gebruikt. Karel knikt maar wat. De foto's van Jan zijn prachtig, ontegenzeggelijk, maar hij heeft al moeite genoeg om bij te blijven. In het begin is het prettig dat ze steeds stilstaan om op Jan te wachten. De dames lijken er geen moeite mee te hebben, die zouden al pratend waarschijnlijk ongemerkt twintig kilometer kunnen wandelen.

Na een poosje merkt Karel dat het steeds stilstaan en in beweging komen hem juist opbreekt. Het kost minder energie om rustig door te lopen en op een gegeven moment weer bijgehaald te worden door de rest. Hoelang is deze rode paaltjesroute eigenlijk?

Net als hij begint te vrezen dat de route eindeloos is, wordt het bos bekender en weet hij dat het eind in zicht is. Hij doet zijn best om niet te laten merken hoe moe hij is. Hij wil de stemming niet bederven. Hij weet hoe Jantine zich hierop verheugd heeft.

Elly wil graag rondkijken in het bezoekerscentrum, en Jan bedenkt dat hij een paddenstoelengids wil hebben om de paddenstoelen op zijn foto's te kunnen determineren.

'Wij gaan in het restaurantje zitten,' zegt Karel. 'Ik heb zin in koffie. Of wil je hier ook rondkijken, Jantine?'

Jantine schudt haar hoofd. 'Nee hoor, wij zijn hier al zo vaak geweest.'

'Gaat het?' vraagt ze als ze naast elkaar aan een tafeltje bij het raam zitten. Hij leest haar als een open boek. Er is maar één antwoord dat hij kan geven.

'Ja hoor. Het was een mooie wandeling, hè?'

'Eh...' Jantine lacht. 'Eerlijk gezegd heb ik deze keer niet zoveel van de omgeving gezien.'

'Jullie waren te druk aan het praten,' begrijpt hij.

'Elly had leuke nieuwtjes,' zegt ze.

'O ja?'

Een meisje komt hun bestelling opnemen. Als ze weg is, herhaalt hij het. 'O ja?'

'Ja, zo leuk. Zowel bij Henry als bij Henriëtte is een kleintje op komst. De uitgerekende data liggen nog geen week uit elkaar.'

'Zoals het een tweeling betaamt,' grijnst Karel.

'Echt hè?' lacht Jantine mee. 'Elly is er maar druk mee. Ze wil voor beide baby's een dekentje haken, en ze helpt mee om bij Henry de babykamer in te richten.'

'Dat is leuk,' vindt Karel. 'Jan vindt het natuurlijk ook geweldig.'

'O ja, Elly moet hem er steeds van weerhouden om dingen te kopen waar ze nog in geen jaren aan toe zijn. Daar zijn ze.'

'Zo, opa en oma, gefeliciteerd, hoor,' zegt Karel als Elly en Jan aanschuiven.

'Geweldig, nietwaar?' zegt Jan. 'Jullie weten er alles van, maar nu mogen wij het ook beleven. Twee keer tegelijk zelfs. Wij zijn van plan snel na de geboorte van de kleine van Henriëtte een poosje naar Australië te gaan. Wij willen geen grootouders zijn die hun kleinkinderen alleen van het facetimen kennen. Ik wil...'

Jan weidt uit over alles wat hij met zijn kleinkinderen wil gaan ondernemen. Elly luistert met een toegeeflijk gezicht, vertederd door zijn enthousiasme.

De gedachten van Karel dwalen af. Oké, Jan overdrijft zoals gewoonlijk, maar had hij niet dezelfde dromen toen hun kleinkinderen zich aandienden? Zag hij zich niet met Matt, hun oudste kleinzoon, mountainbiken, en met Jess, hun kleindochter die nauwelijks een jaar jonger dan haar broertje is, naar de dierentuin gaan? Een ijsje halen, pannenkoeken eten, spelletjes doen en voorlezen. Allemaal op één dag?

'Even naar de wc,' mompelt hij. Die rottige sarcoïdose! Waarom hij? En waarom de chronische vorm? Waarom hoort hij niet bij de zeventig procent bij wie de klachten na verloop van tijd verdwijnen? Heeft hij niet precies gedaan wat de artsen hem voorschreven? Zoveel mogelijk rust genomen en ruim een jaar lang prednison geslikt, in het begin in een hoge dosering ook nog, daarna mocht hij het langzaam afbouwen. Trouw heeft hij de tabletten geslikt en geen dag is hij ze vergeten, ook al zwol hij erdoor op als een luchtballon en deed hij zijn ogen liever dicht als hij op de weegschaal stapte.

Machteloos bonkt hij met zijn vuist tegen de muur van het wc-hokje. De ziekte is weliswaar rustig nu, maar daarmee is hij niet hersteld. Op de patiëntenvereniging heeft hij wel gehoord dat bijna iedereen daar in meer of mindere mate kampt met blijvende ernstige vermoeidheid, waar je maar mee moet leren leven. Alsof dat zo makkelijk is. Nog afgezien van de andere klachten. Hij tast naar het puffertje in zijn broekzak. Als kind had hij al astmatische klachten. Door de sarcoïdose in zijn longen zijn die waarschijnlijk weer gaan opspelen. Hij is minder vaak benauwd dan een poos terug, maar helemaal zonder de luchtwegverwijdende medicijnen kan hij niet.

Hij gebruikt het puffertje en probeert minstens tien seconden zijn adem in te houden. Bij de kraan neemt hij een slok water en spoelt zijn mond. Hij haalt een paar keer diep adem. Zo, nu gaat het wel weer en kan hij weer blij zijn voor Elly en Jan.

'Elly en Jan trakteren ons op een etentje bij de Griek,' vertelt Jantine nog voor hij bij hun tafeltje is.

'Dat is leuk,' reageert hij enthousiast. Het ís ook leuk, als hij maar niet al zo moe was.

Karel en Jantine wisselen een blik van verstandhouding als ze zien welke Griek Elly en Jan uitgezocht hebben. Natuurlijk de beste Griek in Nijverdal. Ze hebben er zelf ook vaak gegeten, al is de laatste keer wel een poosje geleden, realiseert Jantine zich.

De ziekte van Karel heeft een enorme impact op hun sociale leven en hun vrijetijdsbesteding. Werken gaat inmiddels weer. Sinds kort werkt hij weer honderd procent. Werken, dat is het belangrijkste voor veel mannen, denkt ze enigszins bitter. Honderd procent op het werk en voor thuis niets meer over. Natuurlijk is werken ook belangrijk, maar privé toch ook?

Nu niet over nadenken, vermaant ze zichzelf.

Ze zijn heerlijk weg met z'n vieren, en hoewel ze zeker weet dat Karel als ze thuiskomen meteen naar bed wil, hebben ze het nu erg gezellig. Dat wil ze niet bederven door vervelende gedachten.

Naast haar klinkt Karels lach om iets wat Jan vertelt en wat ze niet verstaan heeft. Het is niet belangrijk. Ze legt onder de tafel haar hand op Karels been. Meteen voelt ze zijn hand die de hare vastpakt.

'Keftedes, heerlijke gehaktballetjes in tomatensaus,' adviseert ze Elly als die twijfelt over het voorgerecht. 'Dat nemen wij ook.'

'Dan neem ik dat ook,' besluit Elly. Zelfs Jan, die zich meestal niet raden laat, gaat in de keuze mee. Pas als de voorgerechten geserveerd worden, laat Karel haar hand los.

Ze hebben een heerlijke avond. Vroeger praatten ze in bed nog door over zulke avonden, maar dat is al een hele poos niet meer aan de orde. Karel is nu zo moe, dat hij zelfs de moeite niet neemt om zijn tanden te poetsen. Bijna meteen hoort ze aan zijn ademhaling dat hij slaapt. Gelukkig, want het gebeurt ook wel als hij zo moe is dat hij dan juist niet kan slapen en de hele nacht ligt te draaien. Zelf vindt ze het heerlijk om de dag aan zich te laten passeren voor ze haar ogen dichtdoet. Het is haast een ritueel. De keren dat ze zelf afgedraaid in bed rolt en vrijwel meteen in slaap valt, zijn op één hand te tellen.

Elly had gezegd dat ze vond dat Karel er zo'n stuk beter uitzag. Zelf zie je dat minder als je iemand dag in, dag uit ziet. Zij ziet juist de prednisonkilo's en het opgeblazen gezicht, dat hij nog niet helemaal kwijt is.

'Het heeft tijd nodig,' had Elly nuchter gezegd. Dat is ook zo. Ze heeft maar niet gezegd dat ze de symptomen soms verdacht veel op 'mannengriep' vond lijken. Eén keer kuchen en ze moeten met een dekentje op de bank, terwijl ze zelf met veertig graden koorts nog op de fiets stapte om boodschappen te doen of de kinderen van school te halen. Een moeder kan zich niet ziek melden.

Stop!

Ze wil niet in negatieve gedachten verzanden. Daar schiet niemand iets mee op. De slingers moet je zelf ophangen, is haar motto. Jan beheerst die kunst, bedenkt ze. Die lijkt niets anders te doen dan slingers ophangen. Elly bekende dat dat ook niet altijd leuk is. Jan is vaak zo weinig serieus en wil zoveel leuke dingen doen, dat ze niet meer leuk zijn. 'Te veel van het goede, snap je?' had Elly gezegd.

Ze had geknikt, maar eigenlijk begreep ze het niet goed. Hoe kun je nu te veel van het goede hebben? Weer voelde ze wat jaloezie naar haar vriendin, die alles in de schoot geworpen krijgt. Het enige wat zij wel had en Elly niet, waren kleinkinderen. Dat verandert nu dus ook. Hoe goed ze elkaar ook aanvullen en hoe goed ze elkaar ook begrijpen, de ontevredenheid van Elly begrijp ze niet. Elly beseft niet hoe gezegend ze is, concludeert ze. Hoewel ze zelf ook meer zegeningen heeft dan op één hand te tellen is, blijft er nog genoeg te wensen over. Lekker slapen bijvoorbeeld. Ze geeuwt.

2

Het is nog donker, denkt Martien als ze haar ogen opendoet. Het is dus nog vroeg. Ze kan nog even gamen voor ze weg moet. Huiverend loopt ze naar beneden om de computer en de waterkoker aan te zetten. De plavuizen in de keuken zijn kil aan haar voeten. Snel kleedt ze zich aan en haalt een borstel door haar haren. Een vleugje make-up, oorbellen in, ring om. Daarna slaat ze het dekbed netjes terug en trekt de rimpels uit het onderlaken. Het raam zet ze op de ventilatiestand.

Beneden drukt ze de waterkoker nog een keer aan, die al snel weer op temperatuur is en afslaat. Met een mok thee en een bruine boterham met kaas en daarop een plak roggebrood installeert ze zich achter de computer. Kort checkt ze de nieuwssites en haar mailbox. Daarna logt ze in op haar favoriete game. Geconcentreerd zet ze zich in voor het team om de gezamenlijke missies te behalen. Ze lacht voldaan als na een succesvolle actie berichtjes met complimenten en opgestoken duimen het chatvak op het scherm vullen. Ze laat zich niet afleiden, anders neemt het andere team haar te grazen. Dat zou zuur zijn na zo'n mooie actie.

Een spel duurt niet lang, meestal een minuut of tien, vijftien hooguit. Na ruim een halfuur en twee gewonnen en een verloren potje sluit ze met een spijtig gevoel de computer af. Ze kan zich niet herinneren gegeten en gedronken te hebben. Toch zijn haar mok en bord leeg. Ze zet ze in de vaatwasser en veegt meer voor het idee dan dat het noodzakelijk is met het vaatdoekje over het aanrecht. Hopelijk is het niet te druk onderweg, want dat laatste potje had ze eigenlijk niet moeten spelen. Daarom heeft ze dat waarschijnlijk ook verloren, denkt ze met zelfspot.

Natuurlijk is het wel druk onderweg. De A1 richting Deventer is altijd druk in de spits, zeker als er werkzaamheden zijn. Ze redt het. Op het nippertje loopt ze het stadhuis van Deventer in waar ze als administratieve kracht werkt. Linette schudt haar hoofd als Martien bijna letterlijk de afdeling op struikelt.

'Loop maar gewoon. Die tien seconden maken ook niet uit. Je benen breken kun je altijd nog,' zegt ze nuchter.

'De baas vindt die tien seconden wel belangrijk,' zegt Martien.

'Natuurlijk vindt Koops dat. En hij heeft eigenlijk gelijk ook, dat weet je wel. Je kunt beter niet gamen 's ochtends, je gaat altijd te lang door en daardoor ben je steeds te laat of bijna te laat. De laatste meters in de gang gaan hollen met de kans je benen te breken, voegt niets toe. Als je op tijd weggaat, ben je alleen nog maar te laat door oorzaken die buiten jouw schuld liggen,' zegt Linette.

'Au!' zegt Martien droog, want Linette heeft natuurlijk gelijk. Ze kan zich helemaal verliezen in het gamen. Dat is heerlijk, en soms ook beangstigend, als de uren ongemerkt voorbij zijn gevlogen.

Ze schuift die gedachten aan de kant en gaat aan het werk. Voor ze het weet, is de ochtend voorbij en staan Linette, Dirk en Jaap-Willem op haar te wachten om gezamenlijk naar de viskraam te lopen op de vrijdagse markt. In een kringetje staan ze om een statafel hun vis te verorberen. Martien prikt een stukje kibbeling aan het plastic vorkje en doopt het in de knoflooksaus. Dirk heeft ook voor kibbeling gekozen, Linette voor een lekkerbek en Jaap-Willem heeft een broodje garnaal voor zich liggen en hapt nu verlekkerd in een broodje haring.

'Wat zijn jullie plannen voor het weekend?' informeert hij met volle mond.

Linette schudt haar hoofd daarover, maar geeft er geen

commentaar op. 'Klussen,' zegt ze met een zucht. 'De badkamer moet er dit weekend uit.'

'Is jullie huis daarna klaar?' vraagt Martien. Ze weet dat Linette en haar man een prachtig, vlak aan de IJssel gelegen huis hebben gekocht, maar ook dat het een waar klushuis was. Naar haar idee hebben ze alleen de buitenmuren laten staan. Ze zijn al maanden elk vrij ogenblik aan het klussen. Martien kan zich goed voorstellen dat Linette het spuugzat is. Ze zou zelf nooit van haar levensdagen aan zoiets beginnen, al zullen ze straks beslist eer van hun werk hebben.

'Dus als jullie wat agressie kwijt moeten, ik bied mijn badkamer vrijwillig aan,' lacht Linette dan toch. 'Als we de badkamer klaar hebben, dan hebben we de grootste en lastigste klussen gehad, maar voorlopig zijn we nog wel even bezig.'

'Als ik zonder agressie kwijt te moeten ook welkom ben, dan kom ik morgen wel een poosje,' belooft Dirk. 'Zullen we weer teruglopen trouwens?' voegt hij eraan toe na een blik op zijn horloge. Hij vraagt Linette naar bijzonderheden over de verbouwing van de badkamer.

Martien en Jaap-Willem lopen achter hen aan.

'Zij liever dan ik,' merkt ze op.

'Ach, het geeft wel voldoening,' vindt Jaap-Willem. 'Mijn schoonmoeder viert morgen haar verjaardag, anders was ik ook wel even gekomen. Heb jij leuke plannen voor het weekend?'

'Ja, ongelimiteerd gamen,' zou ze willen zeggen. Ze doet het niet. Ze heeft te vaak gemerkt dat er een soort taboe op gamen ligt, voor vrouwen nog meer dan voor mannen. Als je vrijwel dagelijks gamet en daar per dag vaak een paar uur mee bezig bent, dan vinden ze je meteen gameverslaafd. Niet helemaal ten onrechte, moet ze toegeven, ze kent genoeg spelers die beslist verslaafd zijn, hetzij aan dit specifieke spel, hetzij aan gamen in het algemeen. Zelf beschouwt ze het als een prettige hobby, waarin ze zichzelf heerlijk kan verliezen en waardoor ze haar accu weer oplaadt. Voor buitenstaanders klinkt dat al behoorlijk verslaafd, dat beseft ze best. Zelf weet ze dat ze een of meer dagen zonder gamen zonder trillende handen of andere afkickverschijnselen kan doorstaan.

'Nou?' haalt Jaap-Willem haar uit haar gedachten.

Ze haalt haar schouders op. 'Ik heb geen afspraken staan, dus ik kan doen en laten wat ik wil. Ik heb zin in een flinke boswandeling.'

'Doen!' vindt Jaap-Willem enthousiast. 'De bossen zijn nu zowat op hun mooist en er zijn paddenstoelen in overvloed.'

'Precies mijn overweging om voor een boswandeling te kiezen,' zegt ze droog.

'Maar een eenzaam weekend dus voor jou?' Jaap-Willem kijkt haar van opzij aan.

'Hoe bedoel je?' vraagt ze terwijl ze zich afvraagt of hij iets met die vraagt bedoelt.

Nu is hij degene die zijn schouders ophaalt. 'Je bent single, toch? Ik dacht dat je dan in het weekend weleens mensen zou willen zien.'

'Ik zit de hele week tussen de mensen,' zegt ze verbaasd. Ze maakt een gebaar dat het hele stadhuis waar ze net binnenlopen omvat.

'Dat is anders.'

'Tja, ach, ik hoef niet zo nodig elk weekend afspraken te hebben. Ik...' Ze zwijgt. Ook dat wordt door veel mensen niet begrepen. 'Gaan jullie wat bijzonders doen voor je schoonmoeder?' vraagt ze om de aandacht van haar persoontje af te leiden.

'Ja, ze wordt vijfenzeventig. Het moment voor een fotoshoot met de hele familie.' Jaap-Willem trekt een gek gezicht.

'Sterkte,' grijnst ze.

De volgende ochtend is Martien weer vroeg wakker. Ze is nu eenmaal een ochtendmens. Bij het opstaan is dat heerlijk, op feestjes minder, want vaak is ze de eerste die opstapt. Normaal gesproken gaat ze 's avonds tussen halftien en tien uur naar bed. Vreselijk vroeg voor veel mensen. Diezelfde mensen vinden overigens ook dat ze vreselijk vroeg opstaat. Zeven uur is eigenlijk al uitslapen voor haar.

Ze tast naar haar medicijnen en neemt een pufje Symbicort. Ze houdt even haar adem in om het medicijn niet meteen weer uit te ademen en zwaait dan haar benen uit bed. In de badkamer spoelt ze haar mond en poetst ze haar tanden.

Een kwartiertje later geurt het huis naar koffie en verse broodjes door de afbakcroissants die liggen te bruinen in de oven. Ze houdt niet alleen de timer voor de broodjes in de gaten, maar ook het aftellende klokje van haar favoriete game op haar computerscherm. Exact om zeven uur zouden er spectaculaire aanbiedingen zijn. Beter materieel of de normale dingen, maar tegen gereduceerde prijzen. Ze koopt niet zo vaak iets. Ergens vindt ze het jammer van haar geld om dat te investeren in virtuele goederen voor een online game, aan de andere kant, elke hobby kost geld en ze kan het missen, ze eet er geen boterham minder om. Daarom bekijkt ze als ze in de gelegenheid is altijd de acties, maar ze koopt zelden.

De kookwekker gaat af. De timer op het scherm staat nog op twintig seconden. Ze haast zich naar de keuken om de oven uit te zetten en gaat meteen weer terug naar de kamer. Precies op tijd om de laatste seconden weg te zien tikken.

Nee, de aanbiedingen van vandaag zijn niet de moeite waard, ziet ze. Nu eerst ontbijt maken en dan met haar bord bij de computer een spel starten. De teamindeling voor elk spel is willekeurig. Het hangt ervan af hoeveel mensen er online zijn. Omdat veel mensen op redelijk vaste tijden gamen en er zo vroeg in de ochtend sowieso wat minder spelers zijn, herkent ze wel wat namen van haar medespelers. Ze logt, net die spelers waarschijnlijk, altijd in op dezelfde server. In een pop-upschermpje verschijnen berichtjes.

Gm typt ze in – goedemorgen.

Het gaat goed vandaag. Ze wint bijna alle potjes en haalt zelfs een beloningsbadge voor een bijzondere prestatie. Soms kan er flink gescholden worden via het berichtenvenster. Niet dat de speler tegen wie tekeergegaan wordt dit leest, want de scheldwoorden worden vervangen door sterretjes. Daar is deze ochtend geen sprake van. Het varieert nu van *well done* tot *bam jonguh*, al sturen de meesten simpelweg opgestoken duimpjes en aanverwante smileys.

Met tegenzin sluit ze tegen tien uur de computer af. Ze zou nog veel langer kunnen spelen, maar ze is al een stuk langer doorgegaan dan ze van plan was. Ze had juist vroeg in het bos willen zijn. Zonsopkomst is rond halfacht, dan is het bos weer toegankelijk tot zonsondergang. De vroege ochtend vindt ze een van de mooiste en meest verstilde momenten om in de natuur te zijn. Ze heeft het aan zich voorbij laten gaan. Het was de moeite overigens wel waard. Ze heeft in lange tijd niet zo fijn gespeeld.

Ze maakt een klein rugzakje klaar, stapt in de auto en rijdt richting Nijverdal. Ze kent de omgeving op haar duimpje. Ze komt zo vaak op de Sallandse Heuvelrug dat ze haar eigen weg uitstippelt. Met behulp van Google Maps is het bijna onmogelijk om te verdwalen. Sommige bomen vertonen al hun vurige herfstpracht terwijl andere nog nauwelijks verkleurd lijken te zijn. Het is friskoel. Niet te koud voor de tijd van het jaar en zeker ook niet te warm.

Het ruikt naar herfst, denkt Martien als ze genietend de boslucht opsnuift. Terwijl ze in een stevig tempo doorwandelt, ontgaat haar niets. Het spinnenweb waar de druppels nog aan hangen, die schitteren in het zonlicht, de paddenstoelen, het muisje dat wegschiet als ze te dichtbij komt, de zonneharpen die de omgeving iets mysterieus geven. Ze ritst haar jas los. Het is toch best warm als je flink doorwandelt.

Ze hoest, schraapt haar keel en hoest nog eens. Het slijm dat omhoogkomt, spuugt ze uit. Hè, lekker! Ze voelt de ruimte komen in haar longen. Eigenlijk zou ze dit een paar keer in de week moeten doen. Niet per se stevig wandelen, maar wel flink haar longen gebruiken. Ze weet toch dat ze zich daar prettiger bij voelt en dat ze dan ook meer lucht heeft?

Ze hijgt als ze een heuvel beklommen heeft en staat stil om op adem te komen en het uitzicht te bewonderen. Heerlijk! Ze zou haar armen omhoog willen gooien en een kreet slaken, gewoon om het gevoel van blijdschap en geluk te uiten. Ze doet het niet, natuurlijk niet. Ze is niet bang om keuzes te maken die de meeste andere mensen niet maken, maar dit zou wel heel raar zijn. Dat groepje dat daar loopt en bij wie, aan de grijzende koppen te zien, de jongste ook zeventig-plus is, zou zich wild schrikken. Bovendien maant natuur je eerder tot stilte, vindt ze, dan tot onnodige herrie. Voor het groepje mensen de heuveltop bereikt heeft, gaat ze verder.

Op een beschut plekje in de zon en uit de wind eet ze haar boterhammen op. Een nieuwsgierig musje ontfermt zich graag over de kruimeltjes. Ze heeft plezier in het beestje, dat steeds dichterbij durft te komen. Een kruimeltje op haar schoen durft de mus uiteindelijk vliegensvlug te pakken, maar eentje op haar knie is het beestje te gortig.

Tegen drie uur is ze terug bij de auto. Zin om naar huis te gaan heeft ze nog niet en ze besluit Nijverdal in te gaan. Voor een dorp als dit is het centrum behoorlijk uitgebreid en ze komt er graag.

Eerst thee met een appelpunt, besluit ze. Het geroezemoes komt haar tegemoet zodra ze de deur van De Harlekijn opendoet. Zoekend kijkt ze rond en ze ontdekt nog precies een leeg tafeltje. Dat is boffen.

Genietend lepelt ze even later een hapje slagroom naar binnen. De appeltaart smaakt verrukkelijk. Twee tafeltjes verderop zit een man die niets anders doet dan haar langs zijn vrouw heen aanstaren. Eerst negeert ze hem, maar telkens moet ze constateren dat de man haar nog steeds probeert te hypnotiseren. Arme vrouw, denkt ze. Je bent er klaar mee als je man zo openlijk naar andere vrouwen staart. Nou ja, als het hierbij blijft, dan is het vervelend –

ze zou het zelf niet willen accepteren in elk geval – maar heeft het waarschijnlijk verder niet veel om het lijf. Zijn vrouw reageert er tenminste niet op. Als hij stiekem met andere vrouwen zou omgaan, zou het veel erger zijn. In dat geval is de echtgenoot of echtgenote meestal degene die het het laatst doorheeft. Naïef van zo iemand, had ze altijd gedacht. Tot het haarzelf overkwam en ze moest bekennen dat ze alle signalen bijna bewust genegeerd had. Zo was ze inderdaad de laatste geweest die erachter kwam dat Rob haar niet trouw was.

Natuurlijk had ze het vreemd gevonden dat haar beste vriendin Jeanet langsgekomen was op de avond dat ze weg was met een teamuitje van het werk. Ze zouden eerst een escaperoom doen en daarna tapas gaan eten. Of nee, dat Jeanet langskwam had ze niet vreemd gevonden, Jeanet vergat wel vaker iets en blijkbaar had ze dit ook niet onthouden. Het was ook niet raar dat Jeanet was gebleven om wat te drinken met Rob. Tenslotte waren Rob en zij goed bevriend met Jeanet en Onne. Waarschijnlijk zou ze het omgekeerd ook niet afgeslagen hebben als Onne haar wat te drinken aangeboden zou hebben. Wel keek ze raar op toen ze, nadat ze met een aantal collega's uit de escaperoom ontsnapt was en ze hun mobieltjes weer uit de kluis gehaald hadden, een berichtje kreeg van de weegschaalapp die een gewicht doorgaf dat zeker vijftien kilo onder het gewicht van Rob lag. Toen ze weer thuis was, vroeg ze Rob ernaar. Ze was nog zo argeloos dat ze het vroeg terwijl ze in de keuken koffie inschonk. Een eventuele schrikreactie heeft ze dus niet gezien. Ze had het nog meteen geloofd ook toen hij nonchalant zei dat bij Jeanet de weegschaal stuk was en ze graag haar gewicht wilde controleren. Zo onnozel!

Die avond viste ze onder de dekens het pikante slipje vandaan dat Jeanet en zij eerder die week onder veel gegiechel gekocht hadden, omdat Jeanet een spannend avondje wilde plannen.

Ze was er uiteraard blindelings van uitgegaan dat Jeanet dat spannende avondje met Onne zou doorbrengen. Het bleek dus met haar Rob te zijn...

Ze schrikt als een serveerster naast haar tafeltje komt staan en met een scheve blik op haar schoteltje informeert of alles wel naar wens is. Ze volgt die blik en ontdekt dat de appelpunt een smerige massa is geworden. Ze heeft er zeker gedachteloos in zitten prikken en prakken.

'Sorry, ik was in gedachten,' stamelt ze. 'Het is heerlijk.'

Het meisje schiet in de lach. 'Dát geloof ik niet. Het was misschien heerlijk tot u aan het prakken ging, maar nu niet meer. Ik breng u een nieuwe punt.'

'Nee, dat hoeft niet, hoor,' antwoordt Martien. Ze heeft het idee dat iedereen naar haar kijkt. In elk geval heeft ze nu niet alleen de volledige aandacht van de man die haar de hele tijd al aanstaarde, maar ook van zijn vrouw. Wat irritant!

Een impuls komt bij haar op. Zal ze naar hen toe lopen en iets zeggen in de trant van: 'Hé, wat grappig om jou ook weer eens te zien. Is dit je nieuwe vriendin?' En dan tegen haar: 'Ja, dat weet je misschien niet, maar wij hebben een leuk tijdje gehad samen.'

Ze pakt het servet en veegt haar mond af om de opborrelende lach te smoren. Natuurlijk doet ze het niet echt. Hoe vervelend ze het ook vindt dat die man haar zijn aandacht op deze manier waardig keurt, ze gaat absoluut niet in een relatie stoken. Het enige wat ze met goed fatsoen zou kunnen doen als ze hem per se duidelijk wil maken dat ze het gestaar vervelend vindt, is op hen afstappen en hem beleefd vragen of ze elkaar misschien kennen. Ook dat doet ze niet. Wat ze wel doet, is opstaan en aan de andere kant van de tafel gaan zitten, zodat de man nu haar rug kan bewonderen. Daar zal de lol wel snel af zijn, vermoedt ze.

Aan het begrijpende lachje met een goedkeurend knikje en de vlugge oogbeweging richting de man ziet ze dat de serveerster heel goed doorheeft waarom ze van plaats veranderd is. Misschien is het een vaste gast die altijd zit te sjansen met de dames in de zaak.

Bewust geniet ze nu met kleine hapjes van de appelpunt. Ze leunt achterover. Ze zou hier nog uren kunnen zitten. Ze doet het niet. Op haar gemak dwaalt ze even later door het centrum. Met de winter in aantocht wil ze kijken naar een nieuwe winterjas. De hare is vaal geworden na een aantal winters dragen. Ze wil een wat langer model, geen jack, dat vindt ze niet prettig als ze een jasje aanheeft. Aangezien ze altijd bezwijkt voor jasjes, draagt ze die ook nogal eens.

Ze past verschillende modellen, maar vindt niets naar haar zin. Bij een kaas- en notenwinkeltje haalt ze een stukje kaas met tuinkruiden en wat vers gebrande cashewnoten. Terwijl ze naar de auto loopt, snoept ze er een paar op. Daarna vouwt ze het zakje dicht en stopt het diep in haar tas, anders zijn ze op voor ze thuis is.

Als ze thuiskomt, is ze loom en heeft ze geen zin om te koken. Het stukje zalm dat ze heeft liggen, is morgen ook nog wel goed. Er ligt nog een pizza in de vriezer. Die schuift ze in de oven. Zal ze nog even spelen?

Ach ja, waarom ook niet?

Met pizza achter de computer om te gamen. Het is het toppunt van zieligheid als je sommige berichten moet geloven. Die auteurs van zulke berichten zijn vast geen singles, bedenkt ze. En wat dan nog? Als het haar bevalt op deze manier, waarom dan niet?

'Kom op!' mompelt ze, verbeten naar het scherm starend.

'Pfff,' zucht ze nog geen tien minuten later. 'Gewonnen!' Het was een spannende game, verschillende keren dacht ze dat ze het niet zouden redden, toch is het gelukt. Dat zijn de potjes die de meeste voldoening geven.

In het berichtenscherm verschijnt, behalve diverse opgestoken duimpjes van medespelers, ook een tekstbericht van ene BigTiger, een naam die ze vaker gezien heeft. Hij heeft op zijn beurt haar naam blijkbaar ook vaker gezien, want hij schrijft dat hij een whatsappgroep of een besloten Facebookpagina aan wil maken met Nederlandse spelers.

Ze vraagt wat zijn doel daarmee is.

Contact, speltips uitwisselen, gezelligheid, ontmoeten, als er animo voor is vaste teams vormen, want die optie is er in de game. Gewoon leuk. Niets moet, alles mag, schrijft hij.

Nadenkend wrijft ze over haar neusbrug. Het klinkt wel leuk, al is de kans groot dat ze in een mannenwereldje terechtkomt. Dat is geen ramp, maar de kans dat ze er aansluiting vindt, is wel minder groot, denkt ze. Ze informeert of er al meer gegadigden zijn. Ze is altijd wat voorzichtig met dit soort dingen. Gelukkig heeft ze nooit iets naars meegemaakt door internetcontacten. Toch wordt er natuurlijk niet ten onrechte voor gewaarschuwd niet al te goed van vertrouwen te zijn.

Als BigTiger zegt dat er al een stuk of twaalf belangstellenden zijn, besluit ze hem te geloven en geeft ze hem haar telefoonnummer, zodat dat aan de groep toegevoegd kan worden, wat BigTiger meteen doet. Dat is positief, vindt ze. Het is blijkbaar een actieve groep, want meteen stromen de berichtjes binnen. Allereerst van BigTiger, die Henk blijkt te heten in het dagelijks leven. Hij heet haar welkom in de groep en vraagt haar zich kort voor te stellen en haar naam op de lijst met spelersnamen en bijbehorende echte namen in te vullen. Sommige spelers hebben hun leeftijd erbij gezet of hun woonplaats. Zelf vult ze alleen haar voornaam en haar spelersnaam in: Panadero10. *Panadero* is Spaans voor Bakker, haar achternaam, en 10 is haar huisnummer. In het lijstje herkent ze meer spelersnamen. Skywalker, Buurman, Thor en nog een paar. Ze typt een berichtje.

Hallo allemaal, wat een leuk initiatief. Ik ben Martien, bij sommigen van jullie misschien beter bekend als Panadero10.

Tussen allerlei hoi's en welkoms leest ze de reactie van Skywalker, die Corné blijkt te heten en blijkbaar wat Spaans beheerst, met de vraag of ze bakker van beroep is. Ze reageert niet. Ze wil eerst de kat uit de boom kijken voor ze te veel privé-informatie deelt.

3

Corné scrolt door zijn agenda. Die eerste zaterdag die genoemd is, zou kunnen. Die tweede ook... nou ja, misschien. Hij trommelt met zijn vingers op het bureaublad en besluit door te geven dat hij op de eerste voorgestelde datum kan en de tweede misschien. De gulden middenweg.

De onlangs aangemaakte gamegroep is behoorlijk actief. Soms vliegen de berichten over en weer en staan er als je even niet oplet zomaar tachtig ongelezen berichten. Ze gaan vrijwel altijd over het gamen. Soms wordt een gespeelde game eindeloos geanalyseerd, vaak worden er ook speltactieken uitgewisseld en een enkele keer gaat het over – meestal luchtige – onderwerpen die totaal niets met het gamen te maken hebben. Henk blijft als initiatiefnemer van de groep de voortrekkersrol spelen en heeft twee data genoemd voor een 'pizzaparty' bij hem thuis. Of eigenlijk in de schuur, als hij het goed begrepen heeft. Henk zal wel boer zijn of iets dergelijks. Hij woont in de buurt van Woerden, veel centraler in Nederland kan niet, dus het lijkt daarmee ook de ideale locatie.

In de weken die volgen leren de groepsleden elkaar steeds beter kennen. Voor zover dat digitaal gaat, natuurlijk. Het is grappig om te ontdekken hoe andere spelers over de verschillende speltactieken denken. Thor bijvoorbeeld had naar Corné's idee zijn spelersnaam niet beter kunnen kiezen. In het spel is hij driest en onbesuisd moedig, op de app toont hij zich heetgebakerd, al kan hij ook ruiterlijk zijn ongelijk bekennen. Buurman durft in het spel weinig risico's te nemen. In de discussies op de app mengt hij zich nauwelijks en als hij het doet, neemt hij nooit duidelijk stelling. Panadero10 houdt zich ook graag op de achtergrond, maar speelt slim, sluw haast. Meer dan eens hebben zijn acties voor een overwinning op het laatste nippertje gezorgd. In de app zegt hij ook niet zoveel, maar als hij wat post, dan is het meestal wel steekhoudend. Hij is benieuwd of hij zelf ook zo authentiek overkomt. Zelf ziet hij zich als een strategische speler die met overleg te werk gaat en een vooruitziende blik probeert te hebben. Uit de reacties die hij soms krijgt tijdens of direct na een game, maakt hij op dat dat niet altijd goed begrepen wordt. Ze vinden hem soms te afwachtend of denken dat hij bang is om risico's te nemen.

Uiteindelijk heeft Henk besloten dat de meeste stemmen gelden, en met een nipt verschil zal de pizzaparty op de eerste voorgestelde datum vallen. Vanaf een uur of vier is iedereen welkom, en tegen halfzes zullen de pizza's bezorgd worden.

Die zaterdag trekt Corné tegen halfdrie de deur dicht van het appartementengebouw waar hij op de vierde en hoogste verdieping een driekamerappartement heeft. De novemberwind voelt koud aan zijn haren die nog nat zijn van de douche die hij genomen heeft. Hij heeft er zin in. Al verklaarde zijn moeder hem voor gek dat hij twee keer een rit van minstens anderhalf uur ging maken om met onbekende mensen pizza te eten. Of het wel verstandig was en hij niet beter… Hij was haar ongeduldig in de rede gevallen dat hij heel goed wist wat hij deed en dat hij er alleen maar energie van kreeg.

Zijn moeder had gezwegen. Ze wisten beiden dat het onzin was wat hij zei. Hij beseft dat het voornamelijk bezorgdheid is die zijn moeder dit soort dingen doet zeggen. Ze stelde exact dezelfde vragen als toen hij achttien was en met zijn rijbewijs vers op zak naar Parijs ging met een stel vrienden. Twintig jaar later stelt ze ze weer. Maar nu over een ritje naar Woerden.

Het is wrang.

Het is niet anders.

Hij draait de weg naar het benzinestation op. Er zit nog genoeg in de tank voor de heenweg, maar hij tankt liever nu dan op de terugweg.

Met Qmusic op de radio rijdt hij richting Woerden. De navigatie staat voor het idee aan, want alleen de laatste tien kilometer heeft hij die nodig. Iets over vieren rijdt hij de straat in waar hij zijn moet. Henk blijkt geen boer te zijn, maar te beschikken over een flinke tuin rond zijn vrijstaande woning.

Henk is een lange, magere kerel met lange, dunne, grijze haren die in de wind om zijn gezicht fladderen. Hij is een stuk ouder dan Corné gedacht had. Meteen merkt hij dat Henk zich veel jeugdiger gedraagt dan zijn leeftijd, wat beter past bij de indruk die hij via WhatsApp van hem gekregen heeft. De schuur is haast te comfortabel om 'schuur' genoemd te mogen worden. Er staan – weliswaar behoorlijk versleten – banken, er is een keukenblokje en een flinke koelkast met vriesgedeelte. Corné hoopte dat er al wat mensen zouden zijn, maar hij ziet dat hij de eerste is. Tegen het aanrecht leunt een vrouw met een blikje cola in haar hand. De vrouw van Henk, vermoedt hij.

Hij steekt haar zijn hand toe. 'Corné,' stelt hij zich voor. Zijn spelersnaam, die hij er bij Henk wel bij noemde, laat hij achterwege.

Ze drukt zijn hand prettig stevig. 'Martien.'

Die naam komt hem bekend voor. Blijkbaar kijkt hij nogal wazig, want ze voegt er met een grijns aan toe: 'Panadero10.'

Verbaasd beseft hij dat hij er blindelings van uit is gegaan dat al zijn medespelers van het mannelijke geslacht zouden zijn.

Nu schiet Martien echt in de lach om zijn blik. Verontschuldigend spreidt ze haar handen. 'Ik vergeet nogal eens dat er meer mannen dan vrouwen Martien heten en dat als mensen alleen mijn naam zien, ze er automatisch van uitgaan dat ik een man ben.'

'Ik in elk geval wel,' zegt hij onhandig.

Ze kijkt hem nadenkend aan. 'Corné, zei je toch?'

Hij knikt.

'Dan ben jij Skywalker.'

Hij knikt weer.

'Star Wars-fan?'

'Uiteraard.'

'Kan niet missen,' stemt ze in.

'Jij ook?'

Ze neemt een slok cola voor ze haar hoofd schudt. 'Nee, ik ken de naam, maar ik moet eerlijk bekennen dat ik er nog nooit iets van gezien heb.'

'Gebrek in je opvoeding,' lacht hij.

Voor ze reageren kan, komen er mensen binnen. Al snel is de schuur gevuld met het geroezemoes van stemmen en klinkt er regelmatig gelach.

Corné heeft een plaatsje gevonden in een hoekje van wat eens een knalrode bank geweest moet zijn, maar nu verworden is tot een dof roodbruin. Hij wisselt wat woorden met degenen die naast hem zitten. Hij is geen gangmaker, hij is meer van het observeren en heeft even tijd nodig om los te komen. Het is misschien niet eens een kwestie van karakter. Niet alleen, in elk geval, denkt hij.

Het bier vloeit rijkelijk. Twee spelers die elkaar al kenden en bij elkaar in de buurt wonen, zijn samen gekomen, voor de rest is iedereen met zijn eigen auto. Thor is zelfs op de motor gekomen. Zo een met een hoog stuur en glimmend van het chroom. Het weerhoudt hem er niet van om het ene flesje bier na het andere in zijn keelgat te laten lopen. De meesten lijken ook niet van plan om het bij een of twee biertjes aan het begin van de avond te laten en daarna BOB te zijn.

Martien drinkt net als hij cola, ziet hij. Ze vangt zijn blik en heft proostend haar blikje naar hem op. Dan wendt ze zich weer tot haar buurman, die iets grappigs vertelt, want ze schatert het uit. Onwillekeurig lacht hij mee. Ze is de enige vrouw in het gezelschap. De vrouw van Henk heeft even om het hoekje gekeken en Henk beduid dat ze wegging. Ze zag eruit alsof ze naar een feestje ging, dus Martien zal wel de enige vrouw in het gezelschap blijven. Ze lijkt het niet erg te vinden, maar dat kan schijn zijn.

Hij krijgt geen gelegenheid om daarover na te denken, want hij wordt bij een verhitte discussie over speltactieken betrokken. De tijd vliegt voorbij, en als ineens de pizza's bezorgd worden, merkt hij pas dat hij flink trek heeft. Hij is de enige niet die wel een hapje lust, want verschillende mensen schieten op de dozen af, maken ze open en laden een papieren bordje vol met pizzapunten. Henk houdt een van de jongste aanwezigen tegen. Corné schat de jongen op een jaar of achttien. Jonger niet, want ook hij is met de auto gekomen.

'Er is genoeg voor iedereen. Niets mis mee om je bord zo vol te laden, als je het dan ook maar opeet.'

De jongen knikt.

Corné ziet dat ook Martien het incidentje gevolgd heeft. Ondeugend fluistert ze tegen hem: 'Volgens mij is zijn trek meteen verdwenen.'

'Het zou me niets verbazen,' grinnikt hij met een laatste blik op de jongen. 'Wat zijn er voor smaken, weet jij dat?'

'Margarita, salami, vegetarisch en tonijn, als ik het goed onthouden heb.'

'Vegetarisch?' wil hij vragen. Op de een of andere manier denkt hij altijd dat vegetariërs er ook op andere vlakken een gezonde levensstijl op na houden. Met de hoeveelheid bier die vloeit, had hij niet gedacht dat er vegetariërs zouden zijn. Hij slikt de vraag in als Martien een royaal met spinazie en feta belegde punt op haar bordje legt. Zelf pakt hij een punt van de pizza met salami.

De banken zijn bezet en ze zoeken een plekje aan een statafel.

'Vind je het niet vervelend dat je de enige vrouw hier bent?' flapt hij eruit.

Ze vindt het geen rare vraag.

'Nee, vervelend niet, ik had het ergens wel verwacht. In elk geval dat de dames ver in de minderheid zouden zijn. Wat ik niet verwacht had, is dat iedereen in de veronderstelling was dat ik een man ben. Echt maf dat ik altijd vergeet dat mijn naam mensen vaak op het verkeerde been zet.'

'Ik vond het wel grappig,' zegt hij.

'Ik ook wel. En moet je opletten. Vooral die gasten daar zijn van de schuine moppen en seksistische opmerkingen.' Haar lip krult bijna onmerkbaar. 'Als ik erbij kom staan, dan bindt iedereen in, behalve hij. Dat is George, geloof ik. Georgy in het spel.'

'Ja, klopt,' knikt hij. Ze vindt het ongemakkelijker dan ze toe wil geven, denkt hij. 'Ik ga nog een stuk pizza halen. Zal ik voor jou ook meenemen?'

'O, graag,' zegt ze verrast. 'Tonijn graag, als er nog is.'

'O, ik dacht dat jij de vegetariër hier was,' merkt hij op.

'Nee dus,' lacht ze. 'Ik houd van spinazie en feta. Ik eet ook regelmatig zonder vlees, maar dat maakt me nog geen vegetariër.'

Er zijn niet veel visliefhebbers, want van de tonijnpizza zijn misschien twee punten weg. Van de salamipizza rest nog slechts één zielige punt. Van de andere pizza's is meer over. Hij legt op elk bord twee punten met tonijn. Als Martien er maar één wil, dan ontfermt hij zich wel over de andere.

Martien zegt er niets over.

'Dank je wel,' zegt ze. 'Mmmm, smaakt ook goed. Goede pizzeria hier.'

Hij knikt bevestigend met volle mond. Hij kauwt en slikt. 'Zullen we gaan zitten?' Hij knikt naar een net leeggekomen bank.

'Goed hoor.'

Hij laat zich op de bank zakken. Heerlijk, die pizzapunten. Ook Martien eet er gretig van. Ineens dringt het tot hem door dat Martien tegen hem praat.

'O sorry, ik was er even niet bij.'

'Dat zag ik, ja.' Ze kijkt hem scherp aan. 'Gaat het wel goed?'

'Ja hoor,' reageert hij meteen. 'Beetje moe,' zegt hij zo losjes mogelijk.

'Oké. Ik ga met een halfuurtje op huis aan,' zegt ze schijnbaar onlogisch.

'Dat was ik ook van plan,' zegt hij, terwijl hij bedenkt dat hij er ook niet onverstandig aan zou doen om meteen te vertrekken.

'Moet je ver?' vraagt ze.

'Hengelo,' zegt hij. 'En jij?'

'Ook bijna Hengelo...' lacht ze. 'Almelo. Als...' Ze stopt met praten, maar hij begrijpt toch wat ze wilde zeggen. Ze kunnen makkelijk samen rijden, maar als het niet zou klikken, was het ongemakkelijk geweest.

'Volgende keer,' zegt hij.

'Als die er komt.' Ze fronst haar wenkbrauwen. 'En als ik ga. Het is wel gezellig om iedereen eens in het echt te zien en wat te kletsen, maar om verder alleen wat te eten en te kijken hoe de meeste anderen het op een zuipen zetten en daar niet leuker van worden... Ik weet niet...'

Henk vangt haar woorden op. 'Ik houd het in de gaten. Die jonge knul daar kent zijn grenzen nog niet, maar er wordt nu op hem gelet. Hij krijgt alleen nog maar water,' zegt hij rustig. 'Volgende keer kunnen we een activiteit organiseren, misschien wil jij daarover meedenken?'

Er glijdt een onwillige trek over haar gezicht, maar ze kan met goed fatsoen niet meteen 'nee' zeggen, bedenkt Corné. Het zal hem benieuwen of Martien vaker naar deze bijeenkomsten zal gaan. Per slot van rekening bedoelde ze met zuipen beslist niet alleen die ene knul. Zelf zal hij vermoedelijk wel naar een volgende bijeenkomst gaan, denkt hij. Afgelopen tijd zijn veel vriendschappen verwaterd. Het is fijn om deel uit te maken van een vriendengroep. Hij wil het een kans geven om uit te groeien tot het voelt als een fijne en vertrouwde groep. Vriendschappen die voornamelijk digitaal zijn, zijn in zijn situatie misschien zo slecht nog niet.

4

'Dag hoor, tot volgende week.'

Jantine geeft de oude vrouw een kus op haar wang. Ze sluit de keukendeur achter zich, maar draait die niet op slot. Tante Gien vindt dat fijner. Ze begrijpt die keuze wel, maar ze voelt zich er ook wat ongemakkelijk bij. Het is ontegenzeggelijk een fijn idee dat als er wat met tante Gien gebeurt, er altijd iemand naar binnen kan. Het geeft inbrekers of andere kwaadwillenden daarentegen ook vrij spel. Tante Gien beweert steevast dat ze 'nergens waarde meer op heeft' en dat ze haar verzameling zilver en Delfts blauw toch niet mee kan nemen in het graf, waar ze gelijk in heeft, natuurlijk. Het zijn beide waardevolle verzamelingen.

Tante Gien is, zoals ze zelf zegt, een oude vrijster. Nooit getrouwd en 'dus' kinderloos. Ze is een zus van haar oma en daarmee een oudtante van haar. Tante Gien heeft haar hele leven voor twee van haar broers gezorgd, die allebei maar nooit aan de vrouw kwamen. Dat voelde ze als haar plicht, waardoor er geen ruimte was voor een eigen gezin. Jantine gelooft niet dat tante Gien daar erg rouwig om is geweest. Ze kent tante Gien alleen maar als een erg zelfstandig en eigengereid mens. Ze neemt blindelings aan dat tante Gien altijd al zo is geweest, maar ja, wat weet ze nu helemaal van haar jonge jaren? Hoeveel verdriet ze misschien weggestopt heeft om te doen wat ze als haar plicht voelde?

Eén keer in de week is het haar beurt om bij haar oudtante langs te gaan en haar te helpen met de dingen die niet zelfstandig meer lukken. Ze drukt de verlichting van haar fiets aan. Ze is later dan haar bedoeling was. Zo gaat het meestal bij tante Gien. Er is altijd genoeg te doen en ze is erg gesteld op haar oudtante. Vandaag heeft ze de keuken onder handen genomen en een kleine boterkoek gebakken. De oude dame is daar gek op. Kleine moeite, groot plezier om er even een te bakken.

'Doe dat toch thuis,' zei haar collega. 'Dat scheelt je tijd.'

Maar dat doet ze niet. Hooguit als ze voor zichzelf gebakken heeft en dan een stukje meeneemt. Tante Gien geniet zo van het gerommel in de keuken en vooral van de bakgeur die nog lang na Jantines vertrek in huis zal blijven hangen.

Hopelijk heeft Karel het eten klaar, bedenkt ze al fietsend. Het was een lange dag en ze voelt haar benen. Ze heeft bijna spijt dat ze de auto niet genomen heeft. Vroeger was het heel gewoon dat de eerste die thuis was vast aan het eten begon. Meestal was ze dat zelf. Juist daarom kon ze er intens van genieten als Karel het eten al bijna klaar had als ze thuiskwam. Hij kookt graag en goed en is van mening dat eten een feestje moet zijn. Niet zelden heeft hij haar verrast door in zijn lunchpauze door te werken en zo eerder naar huis te kunnen om een heerlijke maaltijd te bereiden en de tafel feestelijk te dekken met het mooiste tafellaken en servies en kaarsen die al uitnodigend brandden als ze binnenkwam.

Ze stapt af voor het rode verkeerslicht. Onzin eigenlijk, ze is de enige op het kruispunt. Toch wacht ze tot het groen wordt.

De tijden zijn veranderd. Nu zou ze al blij zijn als Karel alvast een begin heeft gemaakt met koken. Hij is weer volledig aan het werk tot vreugde van zijn baas, maar thuis is hij niets waard, want alle energie verbruikt hij op zijn werk. Alsof een privéleven er niet toe doet. Haar handen knijpen om de handvatten van het stuur. Het leven is er de laatste jaren niet leuker op geworden. Soms twijfelt ze…

Ze rijdt de stoep op en stapt af. Met de fiets aan haar hand loopt ze door de brandgang achter de huizen naar hun achtertuin. Het licht in de keuken brandt, constateert ze. Dat is hoopgevend.

'Halloooo,' roept ze met een jolige uithaal als ze binnenkomt. Een gewoonte, die ook de kinderen van hen hebben overgenomen.

'Halloooo,' klinkt het vanuit de kamer terug.

Ze zucht zo onhoorbaar mogelijk. Karel zal te moe zijn geweest om aan het eten te beginnen. Nu moet ze nog helemaal koken. Ze kan niet zeggen dat ze daar zelf nog veel puf voor heeft.

Karel zit in zijn stoel, met zijn benen op tafel. 'Sorry, ik ging even zitten. Ik ben weg gesukkeld, denk ik.' Hij kijkt er zo ongelukkig bij dat ze moet lachen.

Ze gaat achter zijn stoel staan en slaat haar armen om hem heen. Ze kust hem op het duidelijk aanwezige kruintje. 'Eerlijk gezegd heb ik ook geen fut meer om te koken. Zullen we...' Ze aarzelt even. '... wat bestellen?'

'Ergens gaan eten', had ze willen zeggen, maar Karel heeft daar zeker de energie niet voor en zij eigenlijk ook niet.

Karel kijkt omhoog, hun ogen vinden elkaar.

'We kunnen best een keertje decadent doen,' vindt hij. 'Friet of pizza?'

'Lastig,' vindt ze.

Ze kiezen uiteindelijk voor friet. De drukbeklante snackbar zit om de hoek. Vanwege de drukke klandizie en de onvermijdelijke wachttijden belt Karel hun bestelling door.

'Het staat met een minuut of twintig klaar,' meldt hij terwijl hij het gesprek wegdrukt.

'Dat valt mee. Ik loop er zo wel even heen.'

'Fijn,' knikt Karel.

Als ze terugkomt met het warm geurende plastic tasje heeft Karel gezorgd voor sauzen en bestek op het salontafeltje en staat er een aflevering van *Lingo* klaar om teruggekeken te worden.

Ze glimlacht. Ook al gaat alles niet bepaald van een leien dakje en frustreert haar dat enorm, ze voelen elkaar nog steeds zonder woorden aan. Ze kijken graag naar *Lingo* en proberen uiteraard de woorden te raden voor de kandidaten ze geraden hebben. Het tijdstip van uitzenden bevalt hun echter niet zo. Daarom nemen ze het programma op en kijken ze er vaak een paar achter elkaar op een avond als deze.

'Nog eentje?' Karel drukt al op het knopje om de volgende aflevering van *Lingo* te starten. Hij bedwingt een geeuw. Het is bijna negen uur. Na deze aflevering kan hij met goed fatsoen wel naar bed. Waar is de tijd gebleven dat hij met gemak opbleef tot twaalf uur en zonder wakker te worden tot zes uur doorsliep om met het ratelen van de wekker fris als een hoentje uit bed te springen? Die tijd is voorgoed voorbij, weet hij. Zelfs als er een wondermiddel tegen sarcoïdose gevonden zou worden, dan zal hij vast nooit meer de oude worden. De leeftijd spreekt tenslotte ook een woordje mee. Tegen, is misschien beter verwoord, denkt hij wat cynisch. Al ervaart hij de ziekte aan den lijve, voor Jantine is het ook niet makkelijk. Wat heeft ze zelf veel last gehad van de overgang waar ze al vroeg in kwam. Uiteindelijk gaf hormoonmedicatie wat verlichting. Ze maakten zoveel plannen. Als de kinderen uit huis waren, dan... Ze gingen ervan uit dat Jantine zich dan ook beter zou voelen.

Dat klopte ook wel zo'n beetje. Nadat Philip als laatste het nest had verlaten, hebben ze een heerlijke reis gemaakt. Onbezorgd en ontspannen met alleen oog voor elkaar. Hun tweede huwelijksreis, noemden ze het naderhand. Achteraf had hij toen al last van zijn gezondheid. Gelukkig wist hij dat toen nog niet. Hij stond er amper bij stil dat hij nogal eens hoestte en dat het nooit echt overging. Ze weten het aan het drogere klimaat, aan het stof of aan de uitlaatgassen van de auto's. Het lag er maar net aan waar ze op dat moment waren. In plaatselijke apotheken en drogisterijen kochten ze verzachtende keelsnoepjes en hoestsiroopjes. Het hoesten werd meestal wel minder of verdween zelfs helemaal, om een paar dagen of weken later weer de kop op te steken, maar ach, iedereen is weleens verkouden en in een andere omgeving pik je natuurlijk ook steeds weer andere virusjes op, dachten ze. Het was een beetje lastig, meer niet. Het was niet meer dan een klein, onscherp detail in de hausse aan indrukken en ervaringen, die ze haast euforisch samen beleefden. Tegen iedereen die het maar horen wilde, zei hij dat hij het iedereen aan zou raden om, als het zo gegeven was, en de gezinssamenstelling weer was zoals ze hun huwelijk gestart waren, namelijk met zijn tweetjes, samen hun droomreis te maken als start voor de volgende fase van hun huwelijk. Dat zegt hij nog steeds, maar nu voegt hij er ook aan toe: 'Stel niet uit wat je nu kunt doen, je weet niet of het je later nog gegeven is.'

Zeker, hij kan nog steeds reizen, maar wel met beperkingen. Niet meer elke dag onderweg, niet meer hele dagen onderweg, veel activiteiten zijn te zwaar geworden, soms lukt het nog om een gulden middenweg te vinden door aanpassingen te doen. Hij hield - houdt! - van bergwandelen. Heerlijk vonden ze het om eerst een flink stuk te klimmen tot hun kuiten in brand leken te staan, en vervolgens af te dalen. Het gaat niet meer. Vorig jaar hebben ze een berggebied uitgezocht met veel kabelbanen. Omhoog ging via de kabelbaan en van daaruit daalden ze rustig af met de nodige pauzes. Of ze namen dezelfde of een andere kabelbaan terug naar het dorpje.

Jantine is een paar keer met twee vriendinnen meegegaan die in hetzelfde hotel als zij logeerden en met wie het goed klikte. Zij haalde dan haar hart op aan een flinke tocht en hij laste een rustdag in. Zijn arts had goedkeurend geknikt en Annemieke, zijn fysiotherapeute, had hem geprezen. Ze gingen er goed mee om, vonden ze. Natuurlijk was hij blij dat hij, weliswaar met concessies, dit nog kon doen, maar vanbinnen schrijnde het als een wond die nooit lijkt te genezen. Zal hij ooit vrede hebben met deze ziekte, die, tenzij er een wonder gebeurt, de rest van zijn - hun - leven zal dicteren?

'Jammer, ze zijn eruit,' zegt Jantine.

'Wat?' O ja, ze keken *Lingo*. De finale gaat beginnen. Het sympathieke stel dat de vorige aflevering in de finale stond, heeft het dit keer dus niet gered. Hij richt zijn aandacht op de televisie, maar op de achtergrond spoken zijn gedachten nog door. Dit is nu zijn leven. Thuiskomen, in de stoel plof-fen en zijn vrouw eten laten halen als ze zelf na een drukke dag geen puf meer heeft om te koken. De sarcoïdose heeft hem van zijn dromen beroofd. En dat vergeeft hij de ziekte nooit, denkt hij bitter.

Tegenover hem springt Jantine zo energiek op, alsof ze voor het eten ook niet uitgeteld was.

'Koffie? Of thee?'

'Doe maar thee,' kiest hij. 'Gember, als dat er nog is.'

Hij pakt de afstandsbediening en zapt langs de zenders op zoek naar een interessant programma, vastbesloten zijn gedachten geen kans te geven om af te dwalen. Hij blijft steken bij *Opsporing Verzocht*. Niet dat dat nu zo opbeurend is, denkt hij sarcastisch als een reeks ellende aan zijn ogen voorbijtrekt. Overvallen, mishandelingen, liquidaties...

'Laten we zaterdag wat leuks doen,' zegt Jantine desondanks enthousiast.

'Zoals?' Vermaakt schudt hij zijn hoofd. Ook dat is Jantine. Als iets niet zo leuk is, zet je er gewoon wat leuks tegenover. Positief tot en met, al is ze door de overgang wel veranderd. Niet meer zo ongeremd optimistisch en positief, soms lijkt haar de energie ervoor domweg te ontbreken. Dan wordt ze stil en trekt ze zich terug.

'Naar Maxime en Daniëlle?' Jantine houdt haar hoofd scheef. 'Die hebben we al even niet gezien.'

Ze moet gezien hebben dat hij moeilijk keek, want ze zegt: 'Als jij heen rijdt, rijd ik terug.'

Hij knikt. Jantine rijdt niet graag. Haar voorstel laat zien hoe graag ze haar oudste zoon en zijn gezin wil zien. Als hij zo moe is als nu, ziet hij huizenhoog tegen alles op. Zaterdag kan hij zich best een heel stuk beter voelen. Honderd procent wordt het nooit meer, maar misschien is zaterdag wel de dag dat hij zich tachtig procent voelt. Het zou mooi zijn. Ze heeft gelijk ook, ze hebben Maxime en Daniëlle al zeker een maand niet gezien. Roos en Jade zullen vast weer groter en wijzer zijn geworden.

'Ik app gelijk.' Jantine heeft haar vinger al op de telefoon.

'Goed, hoor.'

'We kunnen de kinderen 's middags wel meenemen naar een binnenspeeltuin,' bedenkt ze al typend. 'Ze hebben in Gouda nog niet veel vrienden en dus ook niet zo vaak oppas. Dan hebben ze even tijd voor elkaar.'

Jantine heeft een punt. Vroeger zou hij het meteen toegejuicht hebben. Tot zijn ergernis kan hij nu alleen maar denken: als ik maar niet te moe ben.

'We zien wel,' houdt hij zich op de vlakte.

'Het kan,' meldt ze. Ze trekt een mandje met witte en roze wol achter de bank vandaan. 'Als ik doorhaak, heb ik het mutsje voor Jade voor zaterdag af. Het setje voor Roos ligt al klaar. Het wordt er nu ook weer voor. Wat zal het hun schattig staan.'

Hij laat de woordenstroom over zich heen komen zonder dat het goed tot hem doordringt wat zijn vrouw zegt.

'Dan ga ik vast naar bed,' zegt hij.

Ze werpt een vlugge blik op hem. Ze zegt niets, maar aan de dunne streep die haar mond vormt, ziet hij best dat zijn mededeling niet in goede aarde valt. Dat moet dan maar. Hij is moe, zo moe. Tandenpoetsen doet hij morgen wel weer. Het is een opluchting om te kunnen liggen. Zodra zijn hoofd zijn kussen raakt, slaapt hij.

Voor zijn gevoel heeft hij nog maar even geslapen als hij wakker wordt. Even weet hij niet waarvan, dan dringt de pijn in zijn voet tot hem door. Heeft hij die gestoten? Het voelt anders, meer alsof de deken te zwaar is voor zijn voet. Hij schuift het dekbed wat opzij zodat zijn voet bloot ligt. Een koude tocht blaast eroverheen en hij trekt het dekbed weer over zijn voet. Het voelt niet prettig. Te zwaar. Gevoelig. Hij manoeuvreert zo dat zijn linkerbeen een soort tentje vormt voor zijn rechtervoet. Naast hem ademt Jantine diep en rustig. Ligt ze allang naast hem? Hij heeft haar niet in bed horen komen. Gelukkig wordt ze niet wakker van zijn gerommel.

Het ligt niet erg gemakkelijk met een opgetrokken been, desondanks valt hij toch vrij snel weer in slaap.

De volgende ochtend is zijn onderrug stijf en pijnlijk. Niet raar als je bedenkt in welke rare houding hij in slaap gevallen is. Na het ontbijt zal hij een paracetamol nemen. Hij stapt moeizaam uit bed en strompelt naar de douche. Jantine roept hem lachend na dat hij een ouwe kerel is.

'Ik voel me honderdtachtig. Minstens!'

'Zo loop je ook,' giechelt Jantine. 'Volgens mij ligt er nog een warmtepleister. Dat is lekker voor je rug. Zal ik die voor je opzoeken?'

'Goed idee,' knikt hij. Moeizaam steunend tegen de kille muur trekt hij zijn pyjama uit en herinnert zich de pijn aan zijn voet. Nu voelt hij niets. Hij bestudeert de voet, maar kan er niets bijzonders aan ontdekken. Het zal wel. Misschien heeft hij het gedroomd.

Fluitend stapt hij in de auto. 'Klaar?' informeert hij stereotiep als Jantine instapt, haar tasje aan haar voeten zet en de gordel vastklikt.

'Ja, klaar,' zegt ze al even stereotiep.

Een gewoonte die stamt uit de tijd dat de kinderen nog jong waren. Als hij niet informeerde of iedereen klaar was, dan was er geheid eentje die aan het eind van de straat nog de gordel niet vast had of niet lekker zat of de jas uit moest of juist de jas aan wilde.

Alsof hij het besteld heeft, is het vandaag inderdaad de dag dat hij zich tachtig voelt. Tachtig procent, om precies te zijn. Misschien hoeft hij vanmiddag niet eens even plat te gaan bij Maxime, denkt hij optimistisch. Zelfs het weer werkt mee.

De voorspelde buien zijn afgebogen en al is het geen stralend weer, het is wel droog en niet al te somber. Af en toe prikt er zelfs een zonnestraal door het wolkendek heen. De bomen zijn het meeste blad kwijt. De herfst is definitief over zijn hoogtepunt heen wat betreft zijn kleurenpracht.

Jantine buigt zich voorover en haalt een nieuw haakwerkje uit haar tas. De setjes voor Roos en Jade liggen fleurig ingepakt in de kofferbak. Dit groene lapje is een nieuw project.

'Wat wordt het? Iets voor Matt?' Gezien de kleur durft hij die gok wel aan. Hij krijgt gelijk.

'Ja, een dino. Je weet wel, waar hij een poosje geleden om vroeg.'

Hij lacht. 'Die jij te groot vond.'

'Eh ja... maar Matt wil hem zo graag.'

'Je bent een echte oma.' Hij legt even zijn hand op haar been.

Door wegwerkzaamheden waardoor ze langzamer moeten rijden, lopen ze wat vertraging op, maar ze hebben in elk geval geen file. Tegen koffietijd rijden ze de lange straat in waar Maxime met zijn vrouw en dochtertjes woont. Voor de deur is nog precies een parkeerplaats vrij. Nog voor ze uitgestapt zijn, dansen zijn kleindochters al voor de ramen. Achter hen het lachende gezicht van Maxime. Een warm gevoel trekt door hem heen. Wat is hij een rijk mens.

De voordeur gaat open en voor hij het weet moet hij paardjerijden met Jade en wil Roos alle knutselwerkjes laten zien die ze op het kinderdagverblijf gemaakt heeft.

'Prachtig... huu huu huuuu,' hinnikt hij, zich van beide taken tegelijk kwijtend.

Daniëlle plukt Jade van zijn rug en zegt vermanend tegen Roos dat opa eerst wil zitten.

Lief.

En toch doet het pijn.

'Ik heb een goede dag,' zegt hij verdedigend.

Daniëlle knikt. 'Toch wil je vast eerst koffie.' Ze zet Jade op de grond, die meteen zijn been omklemt. 'Paadje, paadje.'

'Kom maar, Puck.' Hij hijst het meisje op zijn rug.

'Hop hop, paadje,' roept Jade enthousiast.

Hij vangt nog net de gemompelde woorden van zijn schoondochter op: 'Dan moet je het zelf weten.'

Hij geeft haar een knipoog om te laten weten dat hij het gehoord heeft. Het is trouwens ook precies wat hij wil. Hij wil zelf kunnen aangeven wat wel en niet lukt. Niet dat betuttelende en niet dat…

Hij voelt een hand op zijn schouder.

'Ha pa, wil je zo even meekijken naar de grasmaaier?'

'Maxime. Ja, natuurlijk.'

'Eerst koffie,' zegt Daniëlle hoofdschuddend.

'Ja jongen, laat je vader eerst even zitten,' voegt Jantine eraan toe.

Karel bedwingt zich om zijn vuisten niet te ballen. Ze bedoelen het goed. Ongetwijfeld. En toch…

Hij ziet hoe Jantine en Daniëlle elkaar aankijken en hoe de eerste haar hoofd schudt en de ander begrijpend knikt. Hij begrijpt de woordeloze communicatie. Het gaat niet zo goed met hem. Dat klopte de afgelopen dagen ook wel. Twee dagen was hij intens moe geweest. Gisteren ging het wel weer en vandaag heeft hij een heel goede dag. Zomaar. Dat goede gevoel kan de hele dag aanhouden, maar ook van het ene op het andere moment verdwijnen als het water in een badkuip waar de stop uit wordt getrokken.

Terwijl Daniëlle koffie inschenkt en uitdeelt, houdt Maxime toezicht op de kwarktaart die erbij geserveerd wordt. Citroensmaak en overdadig versierd met gekleurde mierzoete pastilles en suikerbloempjes door Roos. Parmantig brengt ze iedereen een schoteltje met een punt taart.

'Eerst oma,' zegt Maxime vanuit de keuken. 'Dan opa.'

'Dan ikke,' zegt Roos.

'Jij boef,' lacht Maxime. 'Dat weet je wel beter. Dit stuk is voor mama.'

'Mmmmm, wat lekker,' smikkelt Karel en Roos kijkt hem stralend aan. Het is ook lekker, al hoeven die suikerdingetjes er van hem niet zo nodig op te zitten. Nu hij rustig zit, merkt hij toch wel dat hij er al een flinke rit op heeft zitten. Niet de leeglopende badkuip, smeekt hij in stilte. Dat hij straks een poosje moet slapen, vindt hij niet zo erg meer, maar als zijn energie helemaal wegvloeit, dan trekt dat door een dutje niet meer bij. Gelukkig rijdt Jantine terug.

Jantine tovert de pakjes uit haar tas. 'Kijk eens, Roos en Jade?'

'Dootje,' roept Jade en ze waggelt zo snel ze kan naar haar oma. Het mutsje zet ze meteen op, scheef, maar dat hindert niet. Het sjaaltje wikkelt ze om haar pop en de poppenvoetjes steekt ze in de wantjes. Trots als een pauw loopt ze door de kamer.

'Jade, dat moet zo helemaal niet,' begint Roos als een echte grote zus. Jantine leidt haar af door haar te wijzen op haar cadeautje.

'Mooi! Dank je wel, oma.' Ze geeft Jantine een natte zoen. Voor de spiegel in de gang past ze de spulletjes.

'Wat een verschil, die meiden,' lacht Jantine vertederd.

'Echt hè?' beaamt Daniëlle. 'Wat zijn het leuke setjes geworden, dank je wel.'

Intussen heeft Maxime Karel meegetroond naar de garage. Samen bestuderen ze de grasmaaier. Het duurt niet zo lang voor ze het probleem gevonden hebben. Het oplossen duurt langer, maar ook dat komt voor elkaar.

'Pa?' Maxime aarzelt. 'Daniëlle had het erover dat jullie met de meiden naar de binnenspeeltuin gaan. Superleuk, hoor. En fijn...' Hij aarzelt weer. 'Nou ja, laat ik maar eerlijk zijn, we zijn allebei nogal gestrest en druk. Er moet nog best veel gedaan worden aan het huis. We zijn het allebei een beetje zat, denk ik. We hebben tenminste nogal eens woorden de laatste tijd.' Hij zucht. 'Maak je geen zorgen, het komt wel weer goed, maar met een paar uurtjes voor onszelf zouden we heel blij zijn... Maar alleen het je niet te veel wordt?'

Pang!

Daar is het weer. Karel haalt diep ademt om zich te beheersen. Maxime bedoelt het goed – ze bedoelen het allemaal goed, dat is juist het lastige.

'Luister, jongen, als ik iets niet kan of wil, om welke reden dan ook, dan geef ik dat eerlijk en zo bijtijds mogelijk aan. Jullie hoeven niet voor mij te denken. Deal?'

Maxime knikt. 'Deal.'

Karel knikt tevreden. 'Als je dat nu ook tegen Daniëlle zegt...'

'Ze bedoelt het goed.'

'Ja, dat weet ik. Dat maakt het juist zo lastig er iets van te zeggen. Weet je, dit is zo onvoorspelbaar. Al is de sarcoïdose nu rustig, de gevolgen zijn er wel. Vooral qua energie is elke dag een uitdaging. Een onvoorspelbare uitdaging ook nog eens. Na een paar slechte dagen heb ik nu ineens een goede dag, maar dat is niet altijd zo. Meestal niet, eigenlijk.' Hij heft met een moedeloos gebaar zijn handen op. 'Ik weet het ook niet.'

Maxime klopt hem op de schouder. 'Geeft toch niet, pa. Ik snap het best.'

Karel knikt, maar hij denkt: nee jongen, je snapt er niets van. Je voelt niet wat ik voel. Je probeert het te accepteren, en dat is goed.

5

'Doei, fijn weekend!' roept Martien. Veel collega's zijn al weg. Degenen die nog aan het werk zijn, roepen een soortgelijke groet terug. In haar jaszak voelt ze naar de autosleutels. Nu ze haar tussenjas verwisseld heeft voor de nieuwe winterjas, waar ze eindelijk voor geslaagd is, moet ze wennen aan de andere zakken in de jas en nieuwe automatismen vinden. Sleutels links, telefoon rechts, pasje van het werk in het borstzakje of in het zakje in haar mouw? In elk geval niet in haar rechterzak. Het is al eerder gebeurd dat ze tegelijk met haar telefoon waarschijnlijk ook het pasje eruit getrokken en verloren heeft.

Weekend!

Aan de ene kant heerlijk, aan de andere kant lijken die twee dagen soms heel lang. Dat is vooral zo als ze verder geen afspraken heeft, zoals in dit weekend, maar lang niet altijd. Vaak vliegen de weekenden voorbij, of ze nu alleen is of niet.

Ze hoest. Als ze maar niet verkouden wordt. Dat slaat bij haar altijd op de longen en niet zelden moet er dan een prednisonkuurtje aan te pas komen. Nou ja, een kuchje maakt nog geen verkoudheid, laat staan erger. Ze duwt de gedachte aan Rob die bij het eerste kuchje of niesje al onder de wol kroop en verzorging eiste, weg. Eenrichtingsverkeer, want bij haar viel het altijd wel mee en moest ze zich niet zo aanstellen. Volgens Rob dan. Nee, dat zijn destructieve gedachten en daar wil ze niet in vast komen te zitten. Ander onderwerp.

Wat zal ze eten vanavond?

Intussen is ze bij haar auto aangekomen. Op het moment dat ze de auto ontgrendelt, trilt haar telefoon, alsof die signalen bij elkaar horen. Ze stapt in en checkt haar telefoon. Corné in een een-op-eengesprek en niet in de groepschat. Wat moet hij van haar? Heeft ze soms gemist dat er weer een bijeenkomst is en wil hij carpoolen? Ze tikt op het bericht.

Nee, ze heeft geen afspraak voor een bijeenkomst gemist. Hij heeft vrijkaartjes voor Miniworld in Rotterdam. Of ze zin heeft om daar samen heen te gaan? Miniworld, dat zijn toch modelspoorbanen? Ze start de auto. Thuis zal ze eerst op de computer kijken voor ze Corné antwoord geeft.

Google bevestigt haar vermoeden. Hoe komt hij erbij om haar daarvoor te vragen? Ineens herinnert ze zich dat ze er tijdens de pizzaparty een paar losse opmerkingen over gemaakt hebben. Hoe ze op de onderwerp kwamen? Ze pijnigt haar hersenen, maar kan het niet terughalen. Wel herinnert ze zich dat ze vroeger jaloers was op haar broers die een modelspoorbaan hadden, en zij mocht die niet omdat ze een meisje was. Natuurlijk was ze wel geschikt om huisjes en stationnetjes in elkaar te zetten, wat ze toen graag deed en waarvan ze nu eigenlijk denkt dat ze dat dan ook maar beter aan haar broers zelf over had kunnen laten. Ach, ze had er plezier in. Ze gaat er nu ook geen probleem meer van maken. Ze heeft deze details natuurlijk niet met Corné gedeeld. Hij bleek een liefhebber van modeltreinen en bezig met het ontwerpen van een baan, als ze het zich goed herinnert.

Wat zal ze antwoorden?

Ze kent hem amper en vanuit Twente is het nog best een rit naar Rotterdam. Wat nou als het een ongemakkelijke toestand wordt? Dan duurt een dag eindeloos. Haar vinger zweeft al boven het toetsenbord om de uitnodiging zo vriendelijk mogelijk af te wijzen als de gedachte door haar heen schiet: en wat als het nu wel klikt en je gewoon een leuke dag hebt? Ja, dat kan ook nog.

Ze draait met haar bureaustoel nadenkend een paar rondjes om haar as. Hm. Dilemma. Ze houdt zich tegen zodat ze recht voor de computer zit. Waar zit Miniworld eigenlijk in

Rotterdam? Vlak naast het Centraal Station, ontdekt ze, en dus ook vlak bij het centrum. Ze trommelt met haar vingers op het bureaublad tot ze een besluit neemt.

Ze doet het!

Ze ziet escapemogelijkheden genoeg voor als het echt ongemakkelijk zou worden. Ze kan gewoon in haar eentje op de trein naar huis stappen of het centrum in gaan. De Markthal heeft ze nog nooit in het echt gezien. Dat wordt ook weleens tijd, vindt ze. Of ze van die escapes gebruik durft te maken, is vraag twee. Toch geeft het haar rust om die mogelijkheden te zien.

Ineens heeft ze er zin in ook. Ze is ook een rare, bedenkt ze, een echte einzelgänger. Ze doet de dingen vaak veel liever in haar eentje en op haar eigen manier, dan gezamenlijk of in een groepje. Alleen haalt ze er energie uit, in gezelschap kost het haar vaak meer energie dan haar lief is. Maar hier heeft ze zin in! En leuk dat hij aan haar gedacht heeft. Veel keus zal hij ook niet gehad hebben, voor veel volwassenen zal het waarschijnlijk een uitje zijn dat ze alleen met hun kinderen zouden doen. Die hebben ze allebei niet.

Vastbesloten pakt ze haar telefoon. *Leuk*, typt ze en ze bedwingt de neiging om eraan toe te voegen: *wanneer?*

Ze lacht als ze meteen een opgestoken duimpje terugkrijgt, gevolgd door: *Wanneer?*

Expres wacht ze bijna tien minuten voor ze terug appt: *Zeg het maar.*

Twee weken later stapt Corné op zaterdag rillend in de intercity van Hengelo naar Gouda, of eigenlijk Den Haag, maar ze moeten in Gouda overstappen op de intercity naar Rotterdam. Zoals afgesproken zoekt hij een plaatsje in de achterste coupé, zodat Martien, die in Almelo instapt, niet de hele trein door hoeft te lopen om hem te vinden. Het is nog niet zo druk in de trein. Hij ploft neer in een lege vierzits en legt zijn rugtas naast zich neer. Even later bedenkt hij zich. Sommige mensen kunnen niet goed tegen achteruitrijden. Het maakt hem niets uit, daarom gaat hij op de andere bank zitten.

In een opwelling heeft hij Martien meegevraagd naar Rotterdam. Hoewel hij zichzelf prima vermaken kan en er gerust alleen op uittrekt, vindt hij het ook leuk om dingen gezamenlijk te doen. Hij heeft twee vrijkaartjes. Het is jammer om er een ongebruikt te laten. Herkent hij haar nog wel, vraagt hij zich ineens af. En zij hem? Dat is nooit zijn sterkste punt geweest. Ze hebben elkaar tenslotte maar één keer gezien.

De trein stopt op station Almelo en de deuren gaan open. Tot zijn opluchting herkent hij Martien meteen zodra hij haar ziet. Donkere, halflange krullen en een smal gezicht met een mond die voor het mooi eigenlijk net te breed is, maar haar een goedlachse uitstraling geeft.

'Hoi.' Ze gaat op de lege bank tegenover hem zitten.

'Hoi.'

'Alles goed?'

'Ja, hoor. Met jou ook?'

Sprankelende conversatie, Corné van Westen, hoont hij zichzelf.

'Nou, dat was een goed gesprek,' lacht Martien tegelijk.

'Inderdaad,' lacht hij mee.

Het ijs is gebroken. Ineens hebben ze genoeg om over te praten. De aangekondigde updates voor hun game zijn in de appgroep een veelbesproken onderwerp, toch levert het nog genoeg gespreksstof op.

'Amersfoort al,' constateert hij.

'Dat gaat snel. Nou ja, niet sneller dan anders, natuurlijk. Ben je al vaker in Miniworld geweest?'

'Ja, maar dat is alweer een hele poos geleden. Ik las dat er een nieuw gedeelte is, Engeland.'

'De rest is gericht op Nederland, toch?'

'Ja, Nederland als polderlandschap en natuurlijk Rotterdam. De Kuip staat er, het Centraal Station en de Euromast ook uiteraard.'

'Leuk, ik ben benieuwd.'

Zodra ze binnenkomen, bekruipt hem een moment het gevoel dat het eigenlijk helemaal niet zo groot is en dat ze er dus wel snel doorheen zullen zijn. Niets is minder waar. Er zijn zoveel details te ontdekken en Martien is net zo geïnteresseerd als hij. Steeds wijzen ze elkaar op grappige of typisch Nederlandse elementen. Elke vierentwintig minuten staan ze weer geboeid te kijken naar de lampjes die opgloeien als de Miniworlddag verandert in -nacht.

'Ben ik niet te langzaam?' Martien kijkt hem vragend aan.

'Nee, helemaal niet.'

'Ik ben zo'n langzame kijker. In een museum loopt ook iedereen me voorbij,' zucht Martien.

'Dan heb je in elk geval waar voor je geld,' zegt hij laconiek.

Ze lacht. 'Zo kun je het ook bekijken. Maar als je sneller wilt, moet je het zeggen, hoor.'

'Dat zal ik doen,' belooft hij. In gedachten kruist hij zijn vingers.

Een halfuur later overweegt hij toch zijn belofte waar te maken als de vermoeidheid bijna vanuit het niets toeslaat.

'Is er iets?' Vragend kijkt Martien hem aan.

'Hoezo?' ontwijkt hij.

Martien slikt. Ze is te traag geweest. Ze is overal veel te lang bij stil blijven staan. Hij is het zat. Hij is natuurlijk ineens zo stil omdat hij aan het bedenken is hoe hij van haar af moet komen. Ze had hem het tempo moeten laten bepalen. Nou, ze zal het hem makkelijk maken.

'Is er iets?'

'Hoezo?'

Ja, natuurlijk informeert hij beleefd 'Hoezo?' Een paar jaar geleden zou ze gezegd hebben: 'O niets, zomaar.' Nu niet meer. Ze heeft liever geen contacten dan contacten die niet open en eerlijk zijn. Toch kost het haar moeite om te zeggen wat ze wil zeggen.

'Ik denk dat je mij zat bent. Je mag best alleen verdergaan, hoor.'

'Wat?' Is hij echt zo verbaasd of kan hij zo goed doen alsof?

'Je zegt niets meer en je sloft maar een beetje mee,' overdrijft ze van de weeromstuit.

Een paar tellen blijft het stil voor hij toegeeft: 'Ja, ik ben het even zat, om het zo uit te drukken. En daarmee bedoel ik niet dat ik jou zat ben en ook niet dat ik dit niet leuk vind.' Hij kijkt zoekend om zich heen. 'Er is hier een restaurant, laten we daar even gaan zitten voor een kop koffie en wat te eten.'

Ze haalt haar schouders op. 'Oké.' Het zal niet veel aan de zaak veranderen, vermoedt ze en ze heeft ook wel zin in koffie en bovendien trek ook. Een broodje Unox gaat er wel in. Corné kiest voor een broodje bal. Zodra ze tegenover elkaar zitten, neemt ze een hap van haar broodje. De typische rookworstsmaak verspreidt zich door haar mond. O, wat lekker.

Corné schiet in de lach. 'Ik hoef niet te vragen of het smaakt.'

Ze schudt haar hoofd als antwoord. Ze zeggen niets meer tot hun broodjes op zijn. De stilte voelt ongemakkelijk en toch ook weer niet. Corné veegt zijn mond af met het bijgeleverde servetje en knijpt het tot een balletje dat hij op zijn bord legt.

'Weet je wat sarcoïdose is? Ook wel bekend onder de ziekte van Besnier Boeck.'

'Iets met de longen?' diept ze uit haar geheugen op. 'En heeft de koning het niet gehad?'

'Ja, dat klopt. Toen nog prins Willem-Alexander heeft het inderdaad ook gehad. Felix Rottenberg heeft het ook. De klachten kunnen genezen, maar ook chronisch worden.'

'Jij hebt dat en chronisch ook nog,' werpt ze er snel van begrip tussen.

'Ja, helaas...'

Ze legt een moment haar hand op de zijne. Dat gebaar vertegenwoordigt de woorden die ze niet kan vinden om uit te spreken. 'Wat is sarcoïdose precies?'

Hij glimlacht vaag. 'Allereerst een ziekte met nog veel vraagtekens over oorzaak en genezing. Het klopt voor negen van de tien mensen dat het iets met de longen is. Bij sarcoïdose zijn er ontstekingen in weefsels en organen. De witte bloedlichaampjes die die ontstekingen moeten bestrijden, hopen zich daar op. Zo'n ophoping heet een granuloom. Soms verdwijnen ze na verloop van tijd vanzelf, soms niet en dat kan natuurlijk grote gevolgen hebben voor het functioneren van de organen.'

'Zo!' reageert ze. 'Dat klinkt niet leuk.'

'Nee, dat is het ook niet.'

'Maar jij hebt het dus in de longen en op nog meer plaatsen?'

'Ja, ik heb het in de longen. Ik heb het bij inspanning dan ook snel benauwd.'

Dat klinkt bekend, denkt ze, maar ze zegt het niet.

'De sarcoïdose is nu rustig, maar dat wil niet zeggen dat er geen klachten zijn. De klacht waar de meeste patiënten mee worstelen, en ik dus ook, is vermoeidheid. Sowieso heb ik veel minder energie dan vroeger, maar die gaat ook sneller op en het is vaak totaal onvoorspelbaar.'

'Hoe bedoel je?'

'Neem nu vanochtend. Ik voelde me goed. Gelukkig, want als ik bekaf wakker geworden was, had ik je af moeten bellen.'

'Zou je uitgelegd hebben waarom?' valt ze hem in de rede.

Hij kijkt haar peinzend aan voor hij langzaam zegt: 'Nee, dat denk ik niet. Ik denk dat ik eenvoudigweg gezegd zou hebben dat ik ziek was.'

Ze knikt. 'Ik snap het wel. Het is geen geheim, maar ook niet het eerste wat je tegen iemand wilt vertellen.' Ze voelt opluchting. Het ligt niet aan haar. Ze is niet gewogen en te licht bevonden.

'Precies!' praat Corné verder. 'Ik héb nu eenmaal sarcoïdose, maar ik bén het niet. Daarom is het fijner om mensen te leren kennen zonder het meteen daarover te moeten hebben. Tegelijk is het ook goed om er open over te zijn.'

'Dus vandaag had je geen slechte dag, maar je energie is nu wel op,' vat ze samen.

'Ja.'

'Had je iets kunnen doen om dat te voorkomen?'

Hij rolt met zijn ogen en staart naar het plafond. 'In plaats van eigenwijs zijn, bedoel je?'

'Zoiets.'

'Misschien had ik er gelijk iets over moeten zeggen, en het was in elk geval beter geweest om eerder aan te geven dat ik even moest zitten,' zegt hij eerlijk.

'Laten we afspreken dat we dat soort dingen voortaan gewoon meteen aangeven.'

Ze heeft het nog niet gezegd of ze heeft er spijt van. Hoezo voortaan? Ze zijn toevallig een dagje samen op stap, hoe komt ze erbij dat er een 'voortaan' is?

'Ik zal het proberen,' zegt hij.

Ze schudt haar hoofd. 'Niet proberen. Doen!' Ze lacht even en vervolgt: 'Laat ik dan maar goed beginnen en bekennen dat ik graag de toiletten wil opzoeken.'

Hij wijst naar het bordje dat de goede richting aangeeft en ze haast zich weg. Ze neemt de tijd en bekent zichzelf eerlijk terwijl ze haar handen uitgebreid wast, dat ze geen bezwaar heeft tegen een 'voortaan'. Ze delen verschillende interesses en zoveel vrienden heeft ze niet. Zelfs een einzelgänger als zij heeft tenslotte weleens behoefte aan een gelijkgestemde ziel om zich heen.

'Nog een koffie?' vraagt ze als ze terug is bij het tafeltje.

'Dat is goed,' knikt hij.

Ze zeggen niet zoveel, maar nu stoort het haar helemaal niet. Ze besluit rustig te wachten tot Corné aangeeft dat hij weer verder wil.

'Je koffie,' zegt ze na een tijdje.

'Die is nog heet.'

‘Echt niet, ik heb de mijne al minstens vijf minuten op en die was toen al niet heet meer.’

Hij voelt keurend aan het kopje, pakt het vastberaden op en klokt de inhoud achter elkaar naar binnen.

‘Dat smaakt,’ zegt ze droog.

‘Nou!’ beaamt hij.

Verbluft kijkt ze hem aan. ‘Dat meen je niet, hè?’

‘Wat niet?’

‘Dat het smaakte?’

‘Jawel, waarom niet?’

‘Omdat je het eerst koud laat worden en dan in één keer naar binnen giet.’

‘Zo drink ik mijn koffie.’

Ze schudt haar hoofd, maar zegt niets meer.

‘En nu?’ vraagt hij.

‘Dat mag jij zeggen,’ vindt ze.

‘Nee, jij,’ werpt hij tegen.

‘Zeker niet,’ zegt ze, hem strak aankijkend.

‘En waarom niet?’

‘Omdat we hier zitten voor jou. Jij moet dus ook aangeven of je weer verder kunt. Of dat we nog blijven zitten of beter helemaal kunnen afhaken,’ somt ze op.

‘Dat vind ik dus lastig,’ zucht hij.

‘Pech,’ zegt ze zo laconiek mogelijk. ‘Denk aan wat we net hebben afgesproken. En daarbij, ik vind het jammer om af te haken, maar ik vind het nog erger als je niet eerlijk aangeeft wat goed is voor jou.’

Er licht iets in zijn ogen, maar voor ze dat goed duiden kan, is de gloed alweer verdwenen.

‘Laten we dan het nieuwste gedeelte gaan bekijken,’ zegt hij.

Ze weerstaat de verleiding om te vragen of dat echt wel weer lukt en vat zijn woorden op als een ‘Ja, ik kan weer verder’.

‘Oké,’ zegt ze daarom simpelweg.

6

‘Hoe heb je dat kunnen doen?’ roept Karel.

‘Gewoon, net als elk jaar,’ zegt Jantine kalm. ‘En schreeuw niet zo.’

‘Ik schreeuw niet.’

Ze verwaardigt zich niet om antwoord te geven. ‘Je kunt ook de hele dag op bed blijven liggen,’ zegt ze in plaats daarvan.

‘Alsof ik dat wil!’

Nu schreeuwt ze zelf. ‘Wat wil je dan? Dat we er hier een klooster van maken soms?’

Hij beheerst zich en fluistert bijna. ‘Je weet wel beter.’

‘Nee, dat weet ik niet.’ Het klinkt hard. ‘Zeg me dan wat ik volgens jou moet weten.’

Zijn hand klemt om de rugleuning van de stoel waar hij naast staat. ‘Wat ik wil? Wát ík wíl?’ Zijn vingers worden wit van het knijpen. ‘Ik wil mijn lichaam terug. Ik wil mijn gezondheid terug. Ik wil mijn leven terug. Dát wil ik,’ brult hij. Hij draait zich om en gaat verblind door tranen de trap op naar hun slaapkamer, waar hij zich voorover op het bed laat vallen.

‘Rotlichaam, rot rotlichaam!’ scheldt hij. Hij veegt over zijn wangen, maar de tranen blijven stromen. Langzaam draait hij zich op zijn rug en staart met zijn handen onder zijn hoofd naar het plafond. Had hij vorig jaar niet gezegd dat ze het met kerst anders gingen aanpakken? Hij ziet zijn kinderen en kleinkinderen graag. Echt! De hele dag het hele spul over de vloer, hyperactief vanwege de rare dagen, het is hem te veel geworden. Veel te veel. Tweede kerstdag is helemaal een ramp, dan gaan ze traditiegetrouw naar de oudste broer van Jantine die het ouderlijk huis heeft overgenomen. Zijn schoonmoeder wordt voor een dag opgehaald uit het verzorgingshuis. In het begin genoot ze er nog van om in het huis te zijn waar ze vanaf het begin van haar huwelijk gewoond heeft, maar nu is dat besef voor een groot deel verdwenen en nu herkent ze haar kinderen vaak niet meer. Ze moeten dat hun moeder niet meer aandoen, vindt hij, maar Jantine en haar broers vinden dat het nog kan en menen dat ze hun moeder er een plezier mee doen. De rest van het jaar zal hij nodig hebben om bij te tanken om op oudjaarsavond met zijn kant van de familie massaal het glas te heffen en het veel te laat te maken. Hij zal blij zijn als het Driekoningen is en er weer ruimte is voor rust en regelmaat. Hij kan zich bijna niet meer voorstellen dat hij nog niet zo lang geleden genoot van de feestdagen, ernaar uitkeek en dat niets hem te veel was.

Hij draait zich op zijn zij en trekt zijn benen op. Wat zei zijn moeder altijd? 'Iedereen wil oud worden, maar niemand wil het zijn.' Vroeger begreep hij het niet zo goed. Heerlijk met pensioen, dacht hij. Ze bouwden voldoende op om er straks fijn van te kunnen leven. Nu beseft hij dat hij er nooit aan gedacht heeft dat hij zich niet meer zo zou voelen als toen. Dat ouderdom komt met gebreken en dat hij al voor de pensioendatum terug zou verlangen naar vroeger, toen het leven zoveel beter was.

Is dat de tendens van het leven? Dat je een afgesloten fase pas op waarde schat als die onherroepelijk voorbij is? Hoe vaak heeft hij de kinderen toen ze nog naar de middelbare school gingen niet voorgehouden dat ze later terug zouden verlangen naar deze tijd. Ze geloofden het toen nooit. Maar Sabine verzuchtte laatst dat ze weleens terugverlangde naar die tijd. Zo onbezorgd, duidelijk en overzichtelijk. Wat uiteraard ook maar deels waar is, want ook in de puberteit speelt er genoeg. Misschien is het voornamelijk het idee dat er een vangnet is, dat je niet alle beslissingen en verantwoordelijkheden zelf hoeft te dragen. Een thuis, waar iemand voor je klaarstaat.

Hij draait zich op zijn andere zij en zucht. Dat gaat lang niet voor alle pubers op. Gelukkig wel voor die van hen. Ze hebben hun kinderen een veilige en stabiele jeugd kunnen geven. Iets waar hij dankbaar voor is.

Zacht gaat de slaapkamerdeur open. Hij ligt er met zijn rug naartoe. Achter hem deukt de matras in. Hij ruikt het licht bloemige geurtje dat Jantine zo graag gebruikt en waar hij van is gaan houden. Haar hand streelt zijn arm, zijn schouder, glijdt verder omhoog en blijft rusten in zijn nek. Ze weet dat hij dat prettig vindt. Kalmerend.

'Wat lig je nou te piekeren?' vraagt ze.

'Dat rotlijf van me,' zegt hij gesmoord.

'Ja.' Haar hand glijdt naar beneden. Wat moet ze zeggen? Het valt wel mee? Het valt helemaal niet mee. Het kan erger? Dat is wel zo, maar het kan ook veel minder erg. Het gaat wel over? Nee, dat is heel onwaarschijnlijk. Zelfs als je in wonderen gelooft, dan nog is de realiteit dat statistisch gezien de kans niet groot is dat dat wonder bij hem geschiedt. Alles werkt mee ten goede? Ja, dat gelooft hij. Dat maakt dat hij het iets makkelijker verdragen kan. Maar waar is het goed voor? Zou hij daar ooit antwoord op krijgen?

'Misschien...' begint Jantine aarzelend. 'Misschien kun je je er wat meer overheen zetten? Doorlopen? Dan bouw je routine en conditie op.'

Het voelt als een klap in zijn gezicht. De hand die weer in zijn nek rust, voelt als een paradox. Jantine denkt dat hij eraan toegeeft, te weinig vecht, te makkelijk opgeeft. Dat hij het veranderen kan als hij maar wil.

Abrupt rolt hij zich op zijn rug. Te moe voor discussie, te moe om dit gesprek voor de honderdste keer aan te gaan.

'Wie weet,' mompelt hij vaag.

'Sabine appte dat ze weer veel zin heeft in kerst en hoe we het dit jaar met het eten regelen.'

'Maakt mij niet uit.' Hij hoort zelf hoe bot het klinkt, maar hij verzacht zijn woorden niet.

'Hè, Karel,' zegt ze teleurgesteld.

'Ik hoor wel wat jullie afspreken,' zegt hij afwerend.

'Als je dan maar niet zeurt dat je geen inspraak hebt gehad.' Jantine staat met een ruk op. De terugverende matras doet pijn aan zijn rug. Hij zegt er niets van.

'Dat is goed, hoor, als je maar wel even met mij overlegt als jullie mij een taak toebedelen of ik het wel wil,' bedenkt hij.

Ze snuift en loopt de kamer uit. Ze sluit de deur onhoorbaar. Het dreunt harder door dan een deur die met kracht dichtgeslagen wordt. Jantine is boos. Heel boos.

Het zal wel. Hij heeft er de energie niet voor om zich er druk over te maken. Met kleren en al kruipt hij onder de dekens. Slapen wil hij, oneindig slapen tot hij weer beter is.

Driftig veegt Jantine de traan weg die over haar wang rolt. Huilen ook nog! Op haar tenen loopt ze de trap af. Ze wil schreeuwen, op de muur bonken, slaan, met borden en pannen gooien. Ze doet het niet. Natuurlijk niet. In plaats daarvan vlijt ze de deur in het slot en sluipt de trap af.

Waarom zet Karel er zijn schouders niet onder en toont hij ballen? Heeft zij dat tijdens de overgang ook niet gedaan? Hoe vaak heeft zij niet op haar tandvlees gelopen of zonder klagen 's nachts gedoucht en een schone pyjama aangetrokken? Tijdenlang verschoonde ze bijna dagelijks het bed. Ze was er voor Karel en de kinderen, maar wat heeft ze bij tijden op haar tandvlees gelopen. Ze hebben zo uitgekeken naar later, intussen gespaard voor hun grote reis, dromend van nog meer reizen die ze zouden ondernemen, dingen die ze wilden doen als ze nog vitaal genoeg waren om ze te doen. En nu... die ene vakantie, die hebben ze gehad en uitgebuit. Daar is het bij gebleven. Niet helemaal. De vakantie in Oostenrijk was ook goed. Ja, dat kan ze er echt wel van zeggen, maar niet zo bijzonder of spectaculair als ze hadden gedroomd. Het was, zoals Philip het uitdrukte, een ouwetjesvakantie geweest.

Ze schenkt zich een kop thee in en gaat aan de keukentafel zitten, haar elleboog op tafel en haar kin steunend in haar hand. Die sarcoïdose van Karel is reëel, natuurlijk, maar zoals bijna alle mannen is hij bij het minste of geringste uitgeschakeld en moet hij met een mannendekentje op de bank, denkt ze. En zij? Zij mag verpleegstertje en huishoudelijke hulp spelen.

Langzaam drinkt ze haar thee op. Kerst gaan ze net als altijd vieren, besluit ze. Ze regelen het wel om Karel heen. Normaal gesproken verdelen ze de taken rond kerst, vooral wat betreft de catering, maar ook andere praktische zaken worden zo goed mogelijk verdeeld, waarbij het niet gek is dat Karel en zij het meeste doen. Tenslotte zijn zij de ouders en vieren ze het ook hier. Ze zal dit jaar Jos vragen de kerstboom te regelen en Maxime en Philip om de verlichting van tuin en huis voor hun rekening te nemen. Boodschappen haalt ze wel met Sabine, en voor haar aandeel in de catering zal ze niet al te ingewikkelde en bewerkelijke recepten kiezen. Ze knikt. Zo gaat ze het doen. Best kans dat Karel dan vanzelf aanhaakt, want zo is hij dan ook wel weer.

Ze snuit haar neus, recht haar rug en haalt diep adem. Verder maar weer.

Vastberaden trekt ze haar jas en wandelschoenen aan. Ze weet geen betere manier om kalm te worden dan een flink eind lopen. Alleen. Het allerliefst nog aan het strand, met tegenwind ook. Vroeger deden ze dat regelmatig, ook toen het met haar niet zo goed ging. Op tijd weg met de auto, want de kust is vanaf Twente best een stukje rijden. Een stevige wandeling vlak langs het water en tegen de wind in, waarbij ze amper een woord wisselden en ze samen alleen waren met hun eigen gedachten. Bij een strandtentje namen ze koffie met een broodje, en op de terugweg met de wind in de rug was er ruimte om te praten. Na zo'n dag waren alle accu's opgeladen en konden ze er weer een poosje tegenaan. Het komt er niet meer van.

Ze steekt haar handen diep in haar zakken. Misschien heeft Elly gelijk en moet ze meer haar eigen plan trekken. Als Karel afhaakt, zal ze alleen de slingers op moeten hangen, om met de woorden van Jan te spreken.

Ineens is het een aantrekkelijk idee. Een paar dagen in haar eentje eropuit. Het hoeft niet eens per se naar de kust te zijn, als ze maar de dingen kan doen die ze zo mist en waar het nu zelden of nooit meer van komt.

Als ze thuiskomt, heeft ze in gedachten haar plannen gemaakt. Zal ze ze ooit uitvoeren?

Karel hoort de buitendeur dichtgaan. Niet hard, ook niet heel zacht, want dan had hij het niet kunnen horen. Het zou kunnen betekenen dat Jantine wat afgekoeld is. Hij stompt tegen zijn kussen zodat dat wat dikker is en staart nietsziend naar de muur. Hij is moe, maar de slaap wil niet komen. Het dringt tot hem door dat niet alleen Jantine boos is, maar hij zelf ook.

Welke redenen heeft ze om hem niet te geloven? Heeft hij haar ooit een leugen verteld? Hij aanvaardde haar klachten toch ook als een feit, ook al begreep hij niet hoe naar opvliegers waren en hoe vervelend het is om onregelmatig en heftig ongesteld te worden en bloedarmoede te hebben en alles waar ze nog meer last van had. Hij geloofde het gewoon. Natuurlijk probeerde hij mee te denken en manieren aan te dragen waardoor opvliegers minder vervelend waren en ze in elk geval niet steeds midden in de nacht wilde gaan douchen. Niet dat dat gelukt is, overigens.

Slapen gaat niet meer lukken, beseft hij. Zijn hoofd is veel te vol. Hij zet het hoofdeinde van het bed omhoog. Misschien moeten ze alsnog samen die cursus gaan doen die de sarcoïdosevereniging aanbiedt. Een paar dagen in een hotel of conferentieoord of iets dergelijks, waarbij er handvatten gegeven worden over hoe om te gaan met sarcoïdose, als patiënt, als partner en ook samen. Hij pakt zijn telefoon en surft naar sarcoidose.nl.

Hij ziet zo gauw niet of zulke bijeenkomsten op de planning staan, al zijn ze er misschien wel. Op de telefoon is het altijd lastiger om informatie te zoeken dan op de computer. In de regio is binnenkort wel een lotgenotenbijeenkomst met een lezing. Zal hij erheen gaan? Hoewel hij donateur is van de vereniging, heeft hij nooit bijeenkomsten bijgewoond, het blad *Sarcoscoop* gaat ongelezen weg en bij de Facebookgroep heeft hij zich bewust nooit aangemeld. Hij wil zielsgraag dat er een medicijn komt, vandaar zijn steun, maar aan lotgenotencontact heeft hij geen behoefte. Je krijgt dan toch alleen maar horrorverhalen die je nog dieper de put in praten, en je wordt je alleen maar meer bewust van wat je allemaal nog meer kan overkomen. Maar als hij lotgenoten treft, voelt hij zich misschien wat minder een Robinson Crusoe. Eenzaam en alleen op het eiland dat chronische, ongeneeslijke ziekte heet en waar je zoveel zelf moet uitvinden om te overleven.

7

'Zal ik dat doen?' vraagt Corné.

'Ja, graag,' knikt Marlies, de regiocoördinator.

'Oké.' Hij posteert zich bij de deur van de vergaderzaal. Als vrijwilliger bij de sarcoïdosevereniging verleent hij allerlei hand-en-spandiensten. Hij houdt ervan om actief bij een club betrokken te zijn, of dat nu vroeger ging om de voetbalclub of nu om de patiëntenvereniging. In de kerk zit hij meestal ook wel in een of ander comité. Voor hij ziek werd, was het vanzelfsprekend dat hij zijn bijdrage leverde aan het jeugdkamp. Het nachtspel was zijn specialiteit, elk jaar wist hij een originele draai te geven aan het douanespel of vlag veroveren. Misschien kan hij het dit jaar weer oppakken, bedenkt hij. Het gaat de laatste tijd best goed en hij kan steeds beter inschatten wat wijsheid is. Natuurlijk niet altijd, want zoals bij alle ziekten is sarcoïdose onvoorspelbaar. Hij zal eens informeren of ze hem kunnen gebruiken voor het jeugdkamp.

Daar komen mensen aan. Als ze voor de lezing komen, zijn ze aan de vroege kant. Er zijn meer zalen verhuurd in dit zalencomplex, dus ze kunnen ook ergens anders voor komen. Maar nee, ze blijken de eerste gasten van de avond te zijn. Hij geeft ze een hand en stelt zich voor. Hij kent hen niet en waarschijnlijk zijn ze voor het eerst bij een dergelijke bijeenkomst. Misschien heeft een van hen net de diagnose gekregen. Hoewel er op internet wel informatie te vinden is over sarcoïdose – op hun eigen website is er uiteraard ook veel over te vinden – is het een relatief onbekende ziekte. Daarom verbaasde het hem ook dat Martien dan niet precies wist wat het was, maar er wel van gehoord had. In de pauze een praatje met deze mensen maken, noteert hij in gedachten.

Langzamerhand stroomt het zaaltje vol. Sommigen komen alleen, anderen met hun partner, een enkeling met een ouder of een zoon of dochter. De meeste mensen zijn tussen de twintig en veertig jaar oud als de ziekte zich voor het eerst manifesteert. Sommigen kent hij, anderen ziet hij voor het eerst. Vlak voor hij de deur sluit, haast een lange, wat oudere man zich door de gang.

'Ik kom voor de lezing van de sarcoïdosevereniging,' hijgt hij.

'Dan bent u hier goed,' glimlacht Corné. 'Komt u binnen. We staan op het punt van beginnen.' Hij lacht. 'Sinterklaastijd, ik ga er spontaan van rijmen.' Hij steekt zijn hand uit. 'Corné van Westen.'

'Karel Berghuis.'

Terwijl Karel een plekje zoekt, zoals de meeste nieuwkomers achterin, werpt Corné een blik in de gang. Er komt niemand meer aan. Hij sluit de deur en knikt Marlies toe. 'We kunnen beginnen.'

De zaal zit flink vol, ziet hij. Goed en niet goed. Goed dat mensen hen weten te vinden, niet goed dat er blijkbaar zoveel behoefte aan is. Er blijkt in elk geval uit dat dit soort bijeenkomsten niet overbodig zijn. Naast Karel Berghuis is nog een stoel vrij, daar gaat hij zitten.

Marlies stelt zich voor en houdt een inleidend praatje waarna ze Mia, de spreekster van de avond, voorstelt en uitnodigt om te beginnen. Die steekt voornamelijk in op de vermoeidheid waar bijna alle patiënten in meer of mindere mate mee kampen en die het leven enorm kan beïnvloeden.

Veel nieuws hoort hij niet, maar aan de houding van Karel ziet hij dat die aandachtig luistert en al snel een mooi, zwartleren notitieboekje en een zilverkleurige Watermanpen tevoorschijn haalt, waarmee hij in een sierlijk schuin schrift verwoed aantekeningen maakt.

Mia pleit ervoor om na te denken over de keuzes die je maakt. 'Bij elk mens is de energie eindig, alleen bij sarcoïdosepatiënten komt dat eind vaak eerder, soms veel eerder, in zicht en is het dus nog meer van belang om er zorgvuldig mee om te gaan en het niet te verspillen aan onnodige zaken. Denk praktisch. Neem een robotstofzuiger, laat je boodschappen thuisbezorgen, stuur een mail in plaats van een telefoontje te plegen, vergader weer eens online, carpool met een collega, moet je echt meedoen met dat energie-slurpende uitje op een team- of familiedag of kun je later aanhaken, of kun je je misschien opwerpen als fotograaf? Wees creatief en bedenk dat je het niet alleen voor jezelf leuker en makkelijker maakt op deze manier, maar ook voor je omgeving.'

Corné ziet dat er een schokje door Karel heen gaat. Zijn hand stopt met schrijven. Deze woorden raken hem, dat is duidelijk. Voor hemzelf geldt dat punt minder. Hij heeft geen partner. Even flitst het beeld van Martien voorbij, maar hij verdringt het. Is het fair een relatie aan te gaan als je weet dat je chronisch ziek bent en nooit kunt geven wat je zou willen geven in een relatie? Als je al getrouwd bent en een van beiden wordt ziek, dan is het anders. Dan overkomt het je. Nu heb je de keuze. Hij zucht hardop.

Karel wendt zich naar hem toe. 'Zo erg dat het pauze is?' vraagt hij met opgetrokken wenkbrauwen.

'Eh...' Een beetje verwilderd kijkt Corné om zich heen. De laatste minuten zijn ongemerkt langs hem heen gegaan, zo verdiept was hij in zijn gedachten. In de pauze is er gelegenheid om vragen in te dienen. Zal hij het doen? Vragen hoe ze erover denkt om als chronisch zieke een relatie aan te gaan. Nou ja, relatie... Daarvan is nog lang geen sprake. Daarvoor moeten hij en Martien elkaar eerst beter leren kennen. Nee, hij dient geen vraag in. Hij wil hier zelf uit komen. Misschien later.

Bij de deur ligt een stapeltje visitekaartjes van Mia. Daar stopt hij er een van in zijn portemonnee voor hij zich naar de balie begeeft om een kop koffie te halen. Leunend tegen de balie overziet hij de mensen. De meesten zijn in gesprek, sommigen houden zich wat afzijdig. Het echtpaar met wie hij in de pauze een praatje wilde maken, is druk in gesprek met een ander echtpaar. Karel zit in zijn eentje aan een tafeltje. Hij neemt de mensen in het zaaltje aandachtig in zich op. Wat wil hij zien? Wat denkt hij?

Corné slentert naar hem toe en gaat tegenover hem zitten.

'Goede opkomst,' zegt hij.

'Ik had geen idee,' zegt Karel langzaam. 'Hebben nou al deze mensen sarcoïdose?'

'Veel wel,' zegt Corné. 'Ruim de helft zeker, denk ik, misschien zelfs bijna iedereen. De meeste mensen zijn samen gekomen, daarvan heeft doorgaans maar een van beiden sarcoïdose. Van de mensen die alleen zijn gekomen, zal iedereen of bijna iedereen het hebben.'

Karel knikt begrijpend.

'Jij ook?' laat Corné op zijn woorden volgen.

Weer knikt Karel. 'Al een aantal jaar, maar dit is mijn eerste bijeenkomst.'

'Wat jammer dat je de vereniging nu pas hebt ontdekt. Heb je nooit een folder van ons gekregen?'

'Jawel, jawel,' zegt Karel. 'Ik ben bijna vanaf de diagnose ook al donateur, maar ik ben huiverig voor lotgenotencontact.'

'O?' zegt Corné aanmoedigend.

'Ik heb geen behoefte aan horrorverhalen over de meest negatieve gevolgen van de ziekte en over fouten die artsen maken en werkgevers die weigeren begrip op te brengen.'

'Hm ja, dat begrijp ik wel. Mijn ervaring is dat je dat voornamelijk op Facebook tegenkomt omdat mensen daar het gemakkelijkst hun vragen, onzekerheden en emoties delen. Zelf lees ik daar om dezelfde reden ook niet alles. De site en het blad van de vereniging vind ik juist erg informatief en neutraal qua emoties. En dit soort bijeenkomsten, natuurlijk. Hoe vind je het hier tot nu toe?'

'Best te doen,' houdt Karel zich wat op de vlakte. 'Ik ben benieuwd hoe het na de pauze verloopt met de vragen.'

Corné kan het zich voorstellen. Waarschijnlijk zullen veel vragen ingaan op een persoonlijke situatie en daar wilde Karel juist ver van blijven. Misschien houdt hij het na een paar vragen wel voor gezien en gaat hij weg, denkt hij.

Zover komt het niet, want hij ziet aan de houding van Karel dat hij zijns ondanks toch geboeid raakt door de vragen en antwoorden.

Een vrouw vraagt wat ze eraan kan doen om haar man ervan te overtuigen dat haar klachten echt zijn en dat het huishouden dat haar altijd gemakkelijk afging, nu iets is wat al haar energie opslurpt, waardoor er geen ruimte meer is voor andere activiteiten. 'Gelukkig zijn de kinderen al uit huis,' verzucht de vrouw.

Mia erkent dat de vrouw met een - helaas - herkenbaar probleem kampt. Het maakt het er niet makkelijker op dat de ziekte meestal niet aan de buitenkant te zien is, en ook niet dat de vermoeidheid zonder enige reden de ene keer erger is dan de andere keer. Ze stelt voor dat de vrouw haar man eens meeneemt naar bijeenkomsten, en verder zal ze open moeten zijn over hoe ze zich voelt.

'Het is niet makkelijk,' fluistert Karel naast hem.

Corné schudt zijn hoofd. 'Dat is het ook niet.'

'Mijn vrouw...' Karel slikt en zwijgt als de volgende vraag wordt gesteld.

'Hoe zit het met seks?' Mia glimlacht een beetje als ze de vraag voorleest. 'Tja, die vraag krijg ik bijna altijd op een lezing en dat is niet raar. Ik moet zeggen dat ik seks een beetje een naar, kaal woord vind. Ik zeg liever vrijen. Of de liefde bedrijven, dat klinkt wat ouderwets, maar dat is in feite wel waar het om gaat, niet zozeer om de daad zelf, om het zo maar eens te zeggen. Ik vergelijk het graag met tapas eten. Je eet dan een of twee kleine, lekkere hapjes voor je nieuwe bestelt... maar alleen als je nog trek hebt.'

Corné ziet mensen om hem heen begrijpend knikken. Ze kunnen zich hier een voorstelling bij maken.

'De ene keer heb je meer trek dan de andere keer,' gaat Mia verder. 'Is daarom de keer dat je minder eet ook minder geslaagd? Is het erg om het toetje over te slaan als je lekker gegeten hebt, maar vol zit?'

Verschillende hoofden schudden nee.

'Precies!' zegt Mia. 'Zo is het hier ook. Creëer een prettige, ontspannen sfeer. Elkaar alleen maar aanraken en strelen is ook fijn, of zelfs alleen maar lekker tegen elkaar aan liggen. Of juist dat de een deze keer actief is en de ander alleen maar hoeft te genieten. Een volgende keer draai je de rollen om. Je hoeft ook niet tot aan het toetje door te gaan. Dat besef geeft waarschijnlijk ook al een gevoel van ontspanning. En ja, als je ontspannen bent en de tijd neemt, geniet je meer en komt de rest vaak vanzelf. Daar is natuurlijk niets mis mee.' Ze lacht weer. 'Het belangrijkste is dat je er met elkaar over communiceert. Overweeg hulp te zoeken als dat lastig blijkt te zijn. Denk creatief. Wat werkt voor jullie? Ik ken bijvoorbeeld verschillende echtparen die er tijd voor reserveren in hun agenda.'

Er wordt gelachen.

'Ja, echt! Bij sommige echtparen hebben beide partners een overvolle agenda, waardoor ze elkaar zonder zo'n afspraak te weinig zouden zien of te weinig tijd voor elkaar nemen. Bij andere paren speelt vermoeidheid een rol en wordt er op zo'n dag verder niets inspannends gepland.'

'Het klinkt maf,' bromt een man op de voorste rij. 'Maar eigenlijk is het zo gek nog niet.'

Een vrouw een paar stoelen verderop zegt een beetje verlegen: 'Tapas, mijn man is er gek op. Ik vind het een duidelijk voorbeeld en ik denk dat mijn man er ook wel iets mee kan.'

'Maarre...' aarzelt een ander. 'Zou hij het niet vervelend vinden om... nou ja... niet tot het toetje te gaan?'

'Misschien wel,' zegt de eerste vrouw. 'Maar nu zeg ik heel

vaak dat ik te moe ben. Dan gaat hij liggen lezen of televisiekijken en ik ga slapen, terwijl ik, als ik er zo over nadenk, knuffelen wel erg fijn zou vinden. En hij ook, denk ik.'

Mia knikt. 'Knuffelen is ook intimiteit delen.'

'En beter dan niets,' zegt de man op de voorste rij.

'Intimiteit is heel belangrijk in een relatie en gaat veel verder dan alleen maar "seks",' zegt Mia terwijl ze bij het laatste woord weer haakjes in de lucht maakt met haar vingers. Ze kijkt rond, maar iedereen heeft blijkbaar gezegd wat hij of zij wilde zeggen. Ze bladert door het stapeltje kaartjes waarop de ingediende vragen staan.

'Goed, de volgende vraag...'

Aan het eind van de vergadering draait Karel zich abrupt naar Corné. 'Mag ik een brutale vraag stellen?'

'Ga je gang.'

'Zou je het erg vinden om binnenkort eens ergens af te spreken en hierover door te praten? Die persoonlijke verhalen... ik blijf er liever ver weg van, maar ik merk dat ik toch wel graag met iemand zou praten.'

'Natuurlijk.'

'Wanneer zou je kunnen? Vrijdagavond?'

'Zaterdagochtend zou me beter uitkomen,' zegt Corné. 'Vrijdag is vaak een offday voor mij. Gelukkig werk ik dan thuis en kan ik tussendoor gaan liggen.'

Karel gaat er niet op in. 'Zaterdag om tien uur bij Tante Toos?'

'Dat is prima.'

Karel geeft hem een hand en gaat naar huis zonder andere mensen te groeten. Niet zo gek, want hij heeft alleen met hem kennisgemaakt, beseft Corné. Hij helpt met opruimen en samen met Marlies is hij de laatste die de vergaderzaal verlaat. In de auto zet hij de airco laag en het volume van de radio hoger, en hij zingt af en toe mee. Hij heeft de knollen meer dan op en is bang achter het stuur in slaap te sukkelen. Het is nog nooit gebeurd, gelukkig, maar één keer kan makkelijk een keer te veel zijn. Wat hem wel een paar keer is overkomen, is dat hij zich totaal niet kon herinneren dat hij een bepaald stuk van de route gereden had. Dat is al eng genoeg.

Hij is blij als hij thuis is en parkeert op de eerste de beste parkeerplaats. Het kan hem niets schelen dat iedereen die plaatsen zoveel mogelijk mijdt vanwege de vogels die er in groten getale in de bomen zitten en de auto's eronder 'versieren' met vogelpoep.

Als Corné die zaterdag de deur bij Tante Toos openduwt en het ouderwetse belletje laat klingelen, ziet hij Karel al zitten.

'Ha Karel, zit je al lang te wachten?'

Overbodige vraag. Het is vijf voor tien. Hij is dus te vroeg en Karel is nog vroeger.

'Nee hoor,' zegt Karel dan ook. 'Koffie?'

'Graag.'

'Ook met appelgebak?'

'Nou, lekker. Het appelgebak van Tante Toos is niet te evenaren.'

'Behalve door mijn vrouw,' zegt Karel trots.

'Daar kan ik niet over oordelen,' lacht Corné.

Ze maken een paar losse opmerkingen over het weer en dat november en december altijd zulke drukke maanden zijn. Als de koffie geurig en dampend voor hen staat en ze van het inderdaad heerlijke appelgebak geproefd hebben, besluit Corné de koe bij de hoorns te vatten.

'Je wilde praten over wat de sarcoïdose met jou doet?'

Karel steekt zorgvuldig een hapje appelgebak af met zijn vork en dipt het in de royale toef slagroom die naast het gebak ligt voor hij het in zijn mond steekt en bedachtzaam kauwt. Corné neemt een open houding aan en wacht geduldig. Het blijkt aanmoediging genoeg, want als Karel eenmaal begint te praten, blijven de woorden stromen. Corné beluistert er zijn teleurstelling in het leven in, juist op een moment dat er voor hem en zijn vrouw een mooie periode in hun huwelijk leek aan te breken. Over de zoektocht naar de juiste diagnose, de medicatie, het geleidelijke besef dat hij bij de dertig procent hoorde bij wie de ziekte chronisch wordt, de reacties en het onbegrip van zijn omgeving, in het bijzonder die van zijn vrouw en kinderen, al proberen ze het heus wel. Daar zit veel pijn. Dat begrijpt Corné, ook al heeft hij geen partner en geen gezin en reageren zijn ouders eerder overbezorgd dan met te weinig begrip. Het verhaal van Karel is het verhaal van zoveel mensen met sarcoïdose, van zoveel mensen met een chronische ziekte. Zeker als die ziekte niet van de buitenkant af te lezen is. Een rolstoel is duidelijk, een blindenstok ook. Maar dit? Je loopt toch? Je ziet toch alles? Je doet toch nog heel veel? Gisteren kon je dit toch ook, dan kun je het vandaag ook. Dat is de buitenkant. Ze zien niet hoeveel doorzettingsvermogen en kracht het kan eisen om 'gewoon' te doen. Ze zien niet hoe uitgeput je thuiskomt en niets anders kunt dan in bed gaan liggen. Ze zien niet hoe ingrijpend de vaak voorkomende bijkomende klachten kunnen zijn. Sowieso welke organen protesteren omdat de ziekte zich juist daar manifesteert.

'Wat moet ik doen?' Karel spreidt met een haast wanhopig gebaar zijn handen.

Corné laat de woorden wegsterven voor hij antwoord geeft.

'Wat je schetst, is een heel herkenbaar iets, helaas. Jammer genoeg kun je het besef er niet bij de mensen inrammen, hoe graag je dat ook wilt.' Hij lacht even en over het gezicht van Karel trekt ook een lach. 'Hoe zij met jou omgaan, dat is hun verantwoordelijkheid. Die moet je daar ook laten.'

'Maar wat kan ik doen dan? Ik moet er toch iets aan kunnen doen?'

'Volgens mij is het enige wat je kunt doen transparant en authentiek blijven,' zegt Corné. 'Open en eerlijk zijn over wat je voelt en hoe je je voelt. Gebruik je ziekte nooit als een excuus of smoes, maar verberg het ook niet voor je naasten.' Ter illustratie vertelt hij kort over zijn bezoek aan Miniworld, toen hij te lang doorliep en daardoor over zijn grenzen ging, maar ook onbedoeld bij Martien voor een naar gevoel zorgde. Het was veel beter geweest als hij meteen aan de bel getrokken had, voor hen allebei. 'Begrijp je wat ik bedoel?'

'Jawel, maar dat doe ik al. Ik probeer het in elk geval. Jantine vindt me een zeur, geloof ik.'

'Omdat je het te vaak over de sarcoïdose hebt?'

'Ja.'

'Hm. Kun je manieren bedenken om aan te geven wat je nodig hebt, zonder met zoveel woorden te benoemen dat het vanwege de sarcoïdose is?'

'Nog iets te drinken?'

Ze schrikken allebei als de serveerster naast hun tafel opduikt. Met een blik op Karel bestelt Corné voor beiden nog een kop koffie. Ze zwijgen, ieder in zijn eigen gedachten verdiept, tot de koffie geserveerd wordt.

Karel roert in de koffie, waar hij geen suiker en ook geen melk in heeft gedaan. 'Bedoel je als ik bijvoorbeeld tussen de middag moet rusten, dat ik alleen maar tegen Jantine zeg dat ik even plat ga en niet steeds uitgebreid uitleg waarom en hoe ik me voel en dat ik het ook vervelend vind dat het nodig is?'

'Precies! Ik neem aan dat je vrouw heus wel snapt dat je gaat liggen omdat je moe bent en dat ze ook wel begrijpt waar die vermoeidheid vandaan komt.'

Ze drinken hun koffie op.

'Weet je, ik denk dat ik er ook steeds zo uitgebreid over praat omdat ik zo graag wil dat ze me geloven en serieus nemen. Ik heb het idee dat ze dat niet doen, of maar half, waardoor ik de neiging heb om het uit te blijven leggen.'

'Begrijpelijk,' vindt Corné. 'Mijn ervaring is dat mensen het snel gezeur vinden als je het steeds maar over hetzelfde hebt, en dan reageren ze er domweg niet meer op en lijkt het alsof ze geen begrip willen tonen.'

'Terwijl jij juist begrip voor hen moet tonen. Ze hebben het wel zwaar met je,' zegt Karel fijntjes.

'Ja, precies.'

'Je hebt me heel wat te denken gegeven,' zegt Karel terwijl hij de serveerster wenkt dat hij wil betalen. 'Nee, ik betaal,' zegt hij tegen Corné als die ook zijn portemonnee trekt.

'Dank je wel,' zegt Corné eenvoudig. Hij weet niet meer wie het ooit tegen hem gezegd heeft, een leraar misschien, maar hij is nooit vergeten dat je een spontaan cadeau nooit moet weigeren of devalueren door te zeggen 'Dat had je nou niet moeten doen' of 'Nee joh, veel te gek'. Als iemand je iets wil schenken, aanvaard dat dan oprecht en blij als een blijk van liefde, medeleven of dankbaarheid. Geniet ervan, dat is jouw geschenk aan de gever. In dit geval heeft hij Karel een luisterend oor geboden en hem als het een beetje meezit, laten beseffen dat je samen sterker staat dan alleen, en dat lotgenotencontact daarom dus heel waardevol kan zijn om van elkaars ervaringen te leren en elkaar te steunen en te bemoedigen. En ja, daar heeft Karel dan weer gelijk in, soms is het ook knap irritant. En confronterend. En deprimerend. Ja, dat ook.

Nadat Karel en hij afscheid hebben genomen, stapt hij in de auto en rijdt naar Almelo, waar hij voor zijn vader een accessoire voor zijn fotocamera op zou halen in de grote fotowinkel aan de woonboulevard. In een impuls rijdt hij daarna door naar het centrum.

Volgende week is het sinterklaas. Ze doen er niets aan. Officieel dan, want zijn ouders halen steevast cadeaus voor hem en voor zijn zus en haar gezin, ook al zijn de kleinkinderen inmiddels niet meer op een leeftijd dat ze in de goedheiligman geloven. Van de weeromstuit zorgen Cynthia en hij ervoor dat er ook iets leuks voor hun ouders is.

8

Waarom doe ik dit? Martien wringt zich tussen wat mensen door die hun volledige aandacht nodig hebben voor de haarverf aan de ene kant van het gangpad of voor de deodorants aan de andere kant, en er blijkbaar geen flauw benul van hebben dat als ze 'Sorry, mag ik er even langs?' zegt het de bedoeling is dat ze een stapje terug doen.

Overal is het druk. Het is zaterdag en veel mensen zijn aan het shoppen voor sinterklaas en kerst. Normaal gesproken vermijdt ze deze drukte en gaat ze 's ochtends vroeg de stad in. Een of twee keer per jaar vindt ze het leuk om uitgebreid te winkelen. Daar neemt ze dan een vrije dag voor op. Een enkele keer boekt ze er een hotelovernachting bij als ze bijvoorbeeld ook een museum wil bekijken of een verder weg gelegen stad wil bezoeken. Nu ontkomt ze niet aan de drukte. Ze heeft dringend maandverband en tampons nodig. Hoe het aan haar aandacht heeft kunnen ontsnappen dat ze niets meer in huis heeft, mag Joost weten. Gelukkig ontdekte ze in een ritsvakje van haar handtasje nog een maandverbandje. Als ze dan nu toch in de stad is, werkt ze maar gelijk haar hele boodschappenlijstje af. De navulling voor de handzeep is op en veel paracetamol heeft ze ook niet meer. Het laatste printpapier zit in de printer en ze moet de batterij van haar horloge laten vervangen. Mocht ze tegen een leuk truitje aanlopen, dan is dat ook welkom. Haar lievelingstrui heeft een grote curryvlek op borsthoogte die ze er met de beste wil van de wereld niet uit krijgt.

Ze legt een flinke voorraad maandverband in haar mandje. Zonder dat zitten of zonder wc-papier is haar stiekeme angst. Ze heeft altijd een ruime voorraad in huis, toch greep ze deze keer bijna mis. In de kantoorboekhandel waar ze altijd haar printpapier haalt, neust ze gelijk even bij de scheurkalenders. Ze moet niet te lang wachten om er een te kopen, want anders zijn de leukste al weg. Dit jaar heeft ze er eentje met allerlei feitjes en die kunnen waar of niet waar zijn. Dat staat achter op het blaadje. In het begin vond ze het leuk, maar nu scheurt ze soms een week tegelijk af zonder er een blik op te werpen.

'O, sorry,' mompelt ze automatisch als ze een stap opzij doet langs de tafel waarop de kalenders uitgestald liggen en ze tegen iemand op botst.

'Geeft niet,' klinkt het net zo automatisch. Gevolgd door: 'Hé, Martien.'

Verdwaasd kijkt ze op. 'O hé, Corné, ik had je niet gezien.'

'Nee, dat blijkt.' Hij lacht. 'Op jacht voor 5 december?'

'Nee joh, ik moest gewoon wat dingetjes hebben. Jij wel dan?'

'Ja, want officieel doen we niet aan sinterklaas, maar onofficieel...' Hij knipoogt.

'Leuk,' zegt ze.

'Ook lastig, want niemand maakt verlanglijstjes, dus ik heb vaak geen idee wat ik voor wie moet kopen.'

'Tja.' Waarom heeft ze nu de neiging om te zeggen dat ze sinterklaas nooit viert, omdat ze niemand heeft om het mee te vieren? Zelfs tegen haar collega's houdt ze zich op de vlakte, want ze weet zeker dat Linette of Jaap-Willem haar wel uit zou nodigen. Dat wil ze niet. Ze past ervoor om uit medelijden gevraagd te worden en zo het derde wiel aan de wagen te zijn. Net als met kerst en andere feestdagen trouwens. Vroeger met Rob...

'Wat zeg je?' schrikt ze.

'Gaat het goed? Je was ineens zo ver weg met je gedachten?'

'Ja hoor, ik dacht alleen aan... nou ja, ergens aan. Doet er niet toe. Wat wilde je zeggen?'

'Als jij me nu eens helpt met cadeautjes uitzoeken, dan trakteer ik zo op een broodje.'

'Dát sla ik niet af,' lacht ze.

'Fijn.'

'Wat moet je allemaal nog voor cadeautjes?' informeert ze.

Hij telt op zijn vingers af. 'Voor mijn ouders hebben we al wat. Mijn zus Cynthia en ik geven samen een bon voor een avondje in het Circustheater in Scheveningen plus een overnachting. Voor mijn zwager BartJan heb ik onlangs een super-de-luxe rolmaat met extra toeters en bellen op de kop getikt. Voor hem is zoiets het ultieme cadeau. Blijven over Cynthia en mijn neefje PieterBart van veertien en mijn nichtje Cindy van twaalf.'

'Waar houden ze van?'

'Eh ja... Ik dacht voor PieterBart zo'n scheurkalender, maar ik raakte in de keus verbijsterd.'

'Kiezen door te elimineren,' zegt Martien.

'Hoe bedoel je?'

'Alles wat hij niet zo leuk vindt, valt af. Waarschijnlijk blijven er dan maar een paar over. Dat kiest al makkelijker.'

Na rijp beraad kiezen ze voor een voetbalkalender. Voor zichzelf neemt Martien er een met elke dag een puzzel. Ze is benieuwd hoelang ze het volhoudt om elke dag de puzzel van die dag te maken.

'Dan nu nog iets voor de dames,' zegt Martien als ze weer buiten zijn. Ze duwt de deur van de juwelier open.

'Hallo!' roept Corné. 'Wat ben jij van plan?'

'Batterijtje van mijn horloge laten vervangen. Had ik dat niet gezegd?'

'Nee.'

'O, dan heb ik het gedacht. Wat niet wegneemt dat je hier best kunt kijken voor een cadeautje. Oorbellen of een simpel armbandje hoeven helemaal niet zo duur te zijn.'

'Als jij dat zegt.'

Terwijl Martien wacht tot de breedsprakige dame die net voor hen de winkel in stapte haar wensen kenbaar heeft gemaakt en ze zelf aan de beurt is, bekijkt Corné de vitrines. Eindelijk is ze aan de beurt. Ze boft, want ze kan wachten terwijl het batterijtje in haar horloge vervangen wordt.

'Kijk eens.' Corné wijst op zilveren knopjes waaraan een kleine muzieknoot bengelt. 'Cindy is heel muzikaal. Zou ze dit leuk vinden?'

'Dat lijkt me wel! Ze zijn echt schattig en helemaal niet kinderachtig of zo.'

'Dan doe ik die,' besluit Corné. 'Nu nog iets voor mijn zus.'

'Iets van Rituals of zo, of een bon voor de sauna,' oppert ze.

'Een bon vind ik niet leuk,' zegt Corné gedecideerd.

'En dan zeggen ze dat vrouwen inconsequent zijn.'

'Hoezo?' Hij trekt zijn wenkbrauwen op.

'Je zegt net dat jullie je ouders wel een bon geven...'

'Dat is anders,' vindt Corné.

Ze schudt haar hoofd. Ze ziet het verschil niet zo, maar als hij dat wel ziet... Prima toch?

'Ze houdt geloof ik wel van Rituals,' zegt hij. 'Waar halen we dat?'

Ze wijst. 'Daar.'

'Kies jij maar iets,' vindt hij.

'Nee joh, ik ken haar niet eens. Waar houdt ze van? Welke geuren?'

Hij haalt zijn schouders op. 'Sorry.'

Ze bekijken wat er is en ruiken overal aan. 'Nou?' zegt ze. 'Wat past het beste bij je zus, denk je?'

Tot haar verbazing maakt hij een gedecideerde keuze. 'Die, daar houdt ze wel van. Dat weet ik zeker.' Hij pakt een geschenkset uit het schap en laat die inpakken.

'Klaar,' zucht hij tevreden. 'Tijd voor een broodje.'

Ze vindt dat ze haar lunch makkelijk verdiend heeft, maar Corné zegt echt blij te zijn met haar hulp. 'Zonder jou was ik niet zo snel en zo goed geslaagd. Wat neem jij?'

'Het broodje brie met cranberrysaus.' Ze glijdt met haar vinger langs de menukaart. 'Of de gemarineerde kip met pindasaus. En jij?'

'Ik neem de kip met pindasaus.'

Als hun bestelling opgenomen wordt, gaat ze toch voor de kip met pindasaus. Omdat Corné dat ook bestelt of omdat ze daar met dit koude weer het meeste trek in heeft? Ze weet het niet. Vroeger bestelde ze vaak hetzelfde als Rob. Gek genoeg zag hij dat als een soort bevestiging dat hij inderdaad het lekkerste gerecht van de kaart gekozen had. De afgelopen jaren heeft ze als tegenreactie daarom juist altijd iets anders besteld dan haar tafelgenoten. Eigenlijk is dat minstens zo raar. Als ze dit nu gekozen heeft omdat ze er simpelweg het meeste zin in had, dan is ze op dat punt tenminste weer in evenwicht. Ze klapt de menukaart, die ze nog open voor zich had liggen, dicht. Hoe dan ook, ze heeft in elk geval veel trek in het broodje kip saté. Corné hoeft trouwens niet te denken dat ze blind zijn keuzes kopieert, want hij nam Sprite als drinken en zij verse muntthee.

'Hoe doe je dat met de cadeautjes als jullie het niet vieren? Wanneer geef je ze dan?'

'We zeggen wel dat we het niet vieren, maar eigenlijk bedoelen we dat we het niet meer met een zak vol cadeautjes doen zoals toen PieterBart en Cindy nog in de goedheiligman geloofden. We eten met z'n allen. Soms reserveren we ergens, maar dit jaar koken we zelf en verdelen we de gerechten. Ik moet het voorgerecht maken.'

'Klinkt leuk,' knikt Martien.

'Vier jij sinterklaas?'

Daar is de vraag toch nog. Ze had het kunnen verwachten.

'Nee,' zegt ze maar gewoon.

Hij gaat er niet op in. Lang niet iedereen viert sinterklaas. Het simpele nee behoeft voor hem blijkbaar geen uitleg.

'Ga jij nog naar de borrel volgende week?'

'Ik weet het nog niet,' zegt ze. De pizzaparty vond ze geen onverdeeld succes. 'Jij wel?'

'Ik wilde wel gaan. Is het een idee om te carpoolen als je gaat?'

En daarom is carpoolen toch geen goed idee. Ze wil weg, maar Corné lijkt het nog naar zijn zin te hebben. De opkomst is wat minder groot dan de vorige keer, wat aan de hoeveelheid drank die erdoorheen gaat niet te merken is. Zelf drinkt ze vrijwel geen alcohol. De verheerlijking van de alcohol is haar tegen gaan staan. Lekker dronken worden, lijkt het motto te zijn, in plaats van een lekker drankje drinken. Ze kijkt de kamer rond. Corné lijkt weer de enige die beseft dat hij nog moet rijden. In de hoek van de kamer zitten twee jongens, die ze op een jaar of twintig schat en die er de vorige keer niet bij waren. Die zitten ook aardig te hijsen. Henk, bij wie ze de vorige keer de pizzaparty hadden, en Mike, bij wie ze nu zijn, lijken het vaste aanspreekpunt van de groep te zijn geworden. Mike loopt weg. Ze volgt hem naar de gang.

'Mike?'

Hij draait zich om, met zijn hand al op de kruk van de deur van het toilet. 'Ja?'

'Ik wil me nergens mee bemoeien, maar wordt er niet een beetje veel gedronken?'

'Dat is ieders eigen verantwoording,' zegt Mike rustig. 'Iedereen is volwassen en we gaan ervan uit dat iedereen zich als zodanig gedraagt en weet wat zijn taks is.'

'Die twee jongens ook?'

'Die misschien niet. Henk spreekt ze erop aan dat ze nu op water moeten overschakelen. Maak je niet druk.'

Ze voelt zich afgescheept. Onvoorstelbaar dat er door zoveel mensen zoveel gedronken wordt en iedereen blijkbaar zonder problemen in de auto stapt. Ze wil hier weg. Ze pakt haar telefoon. Wanneer gaat de bus? Komt hier eigenlijk wel een bus?

Die komt er, ziet ze. De bushalte is op zo'n tien minuten lopen en de aansluiting is niet geweldig. Met een beetje geluk haalt ze in Almelo nog net de laatste bus, anders moet ze naar huis lopen. Ze zegt Henk en Mike gedag voor ze Corné meldt dat ze naar huis gaat.

'Ben jij gek!'

'Ik ben gek als ik hier blijf,' zegt ze fel.

'Daar heb je gelijk in.' Hij drinkt zijn glas Sprite in twee teugen leeg en zet het met een klap op een tafeltje. 'Ik zal Mike en Henk gedag zeggen en dan gaan we.'

'Je hoeft voor mij niet weg,' protesteert ze.

'Jawel, en voor mezelf ook.'

De rest van de aanwezigen groeten ze met een armzwaai en een 'Doei!'

'Je moet je niet verplicht voelen,' zegt ze terwijl ze optrekt en links afslaat zoals de navigatie aangeeft. Corné heeft op de heenweg gereden, zij rijdt terug, hebben ze afgesproken.

'Dat voel ik me ook niet. Dus houd daar nu over op,' zegt hij. Het klinkt wat kortaf.

'Ik ergerde me zo aan dat ongelimiteerde zuipen, en dan te bedenken dat ze straks zo in de auto stappen...' Ze huivert.

'Dat ze voor zichzelf zo stom willen zijn, moeten ze zelf nog weten, maar je eigen veiligheid hangt ook af van zulke weggebruikers,' zegt hij grimmig.

'Jij drinkt helemaal niet?'

'Nee, niet meer. Ik dronk sowieso maar zelden alcohol, maar tegenwoordig valt het vaak niet goed, zeker niet als ik moe ben.'

'Wat 's avonds bijna altijd het geval is,' vult ze aan.

'Precies,' stemt hij in. 'Ik krijg ook een aversie tegen alcohol als ik dit soort gedrag zie. Wat jij doet moet je zelf weten, maar ik houd het wel bij gamen en af en toe een praatje in de app. Van dit soort bijeenkomsten heb ik mijn buik vol.'

'Mijn idee,' beaamt ze. 'Het is te hopen dat iedereen veilig thuiskomt.'

Ze parkeert net de auto voor haar huis als hun mobieltjes beginnen te trillen. Dat moeten berichten uit de gamegroep zijn. Ze wil ze ongelezen wegdrukken, maar opent ze dan toch in de verwachting dat het de obligate bedankjes zijn voor de fijne avond.

'O zeg!' Ze slaat haar hand voor haar mond. 'Davey, dat is een van die jonge jongens, die met dat donkere haar, geloof ik, is helemaal niet goed geworden. Op weg naar het toilet heeft hij alles laten lopen en is onderuit gegaan. Ze hebben een ziekenauto gebeld. Of er iemand is die hem kent en contactgegevens heeft...'

'Dat meen je niet.'

'Jawel.'

'Hij was toch samen met die andere knul?'

Ze leest de rest van de appjes. 'Ja, dat klopt, ze zijn een stuk samen gereisd, maar die kende hem eigenlijk ook niet. Ze zullen toch iemand op de hoogte moeten stellen.'

'Natuurlijk. Hij zal in zijn spullen heus wel iets van een ID-kaart of een studentenpas of iets dergelijks hebben. Heftig.'

'Ze hebben zitten zuipen als een stel tempeliers, en van Henk moesten ze overgaan op water. Zouden ze daar niet naar geluisterd hebben?'

Corné haalt zijn schouders op, het is een vage beweging in het donker van de auto. 'Dat maakt nu niet meer uit.'

'Nee, dat is ook zo.' Ze trekt de sleutels uit het contact en geeft ze aan Corné. 'Ga je gelijk door of kom je nog even wat drinken?' Ze wil nog niet alleen zijn en vraagt het zonder nadenken. 'Tot we meer horen over Davey,' voegt ze er gauw aan toe.

Corné aarzelt.

'Het hoeft niet, hoor, ik vroeg het zomaar.'

'Ik ben bang dat ik vreselijk inkak als ik wat blijf drinken,' zegt hij eerlijk met een blik op de klok. 'Maar als je een sterke bak koffie hebt, dan komt het vast wel goed.'

'Die heb ik.'

Zelf houdt ze het bij thee.

Een minuut of twintig later lezen ze dat de ambulance gearriveerd is en Davey meeneemt naar het ziekenhuis. Op de een of andere manier zijn ze erachter gekomen dat hij ook nog antibiotica slikte, en dat gaat niet goed samen met drank.

'Hij had wijzer moeten zijn,' zegt Corné.

'Dat geldt voor bijna iedereen daar,' zegt Martien. Ze heeft er het laatste woord mee.

Als ze de volgende ochtend wakker wordt, ziet ze dat ze heel wat berichten in de appgroep gemist heeft. Davey was in het ziekenhuis al vrij snel bij zijn positieven gekomen. Zijn eerste berichtje was een sorry. De meeste mensen lieten merken dat ze dat excuus accepteerden. Het werkte averechts, want Davey begon hoe langer hoe stoerder te doen in de app en leek ondanks zijn eerdere 'sorry' geen spoortje berouw te hebben. De meesten reageerden er niet of nauwelijks op. Ze onderdrukt de neiging om er fel op te reageren. Het is toch vechten tegen de bierkaai. Henk doet het wel. In een weloverwogen berichtje geeft hij aan dat Davey allereerst zijn grenzen had moeten weten en zich eraan had moeten houden toen hun gezegd werd over te schakelen op water. Hij had moeten weten dat hij met antibiotica niet, en zeker niet zoveel, had moeten drinken en dat hij blij mag zijn dat het zo goed afgelopen is.

Davey blijft doorgaan met zogenaamd stoer doen en het voorstellen als een cool avontuur, waarop Corné reageert dat hij beter zijn mond kan houden. Een poosje later is Davey uit de groep verdwenen. Mike heeft hem verwijderd, meldt Corné in een priveappje. Ergens heeft ze medelijden met de jongen die pas net achttien jaar oud blijkt te zijn, aan de andere kant weet ze ook dat hij wijzer had moeten zijn. Hij was genoeg gewaarschuwd voor zijn gedrag.

Vijf december is voor Martien een gewone werkdag. Ze mogen wat eerder weg als ze willen, maar ze weet niet of ze dat gaat doen. Als bijna iedereen op de afdeling weg is en het dus lekker rustig is, kan ze flink doorwerken.

Als ze op de gewone tijd thuiskomt, hangt er een plastic tas aan de deurknop. Wat raar, ze heeft niets besteld en dan nog... welke bezorger hangt het pakje nu zo aan de deur? Een Spaanse bezorger, ontdekt ze als ze de tas voorzichtig – want je weet maar nooit – inspecteert. In vrolijk sinterklaaspapier verpakt ontdekt ze een chocoladeletter en een Rituals geschenkset.

Dat kan maar van één persoon afkomstig zijn, denkt ze. Corné heeft haar beter in de gaten gehouden dan ze dacht, want ze vond deze serie van Rituals het lekkerst ruiken. Leuk van hem, maar wat moet ze ermee aan? Zou hij er iets mee bedoelen?

Ach nee, besluit ze, het is gewoon een vriendschappelijk gebaar. Ze kopen daar toch ook een soort van stiekem cadeautjes voor elkaar? Hij weet waar ze woont en het is niet zo ver om naar zijn werk, een kleine moeite dus. Ze kan het niet eens terug doen als ze zou willen, want omgekeerd heeft ze geen idee van zijn adres.

Ze stalt de cadeautjes uit op de buffetkast. Sinterklaas kan toch wel leuk zijn.

9

Volgend jaar geen sinterklaas meer, neemt Jantine zich voor. Ze vindt er niets meer aan. Het heeft haar altijd zo leuk geleken om kleinkinderen te hebben en dan samen met de hele familie sinterklaas te vieren. Samen, dat is het kernwoord. Samen met Karel.

'Leg die mobiel nou eens weg,' kat ze ineens.

Karel hoort het niet eens. Kun je op latere leeftijd ook nog autistisch worden? Of... De schrik slaat haar om het hart... Zou het een symptoom van dementie kunnen zijn? Ook dat nog! De tranen die al achter haar ogen brandden, doen ze nu bijna overlopen. Ze haast zich naar de wc. Wat valt deze dag haar tegen! Na de woorden die ze over kerst hebben gehad, leek het haar een goed idee om dit jaar sinterklaas bij Sabine en Jos te vieren om Karel te ontzien. Die vonden dat zelf eigenlijk wel net zo prettig. De kinderen zouden dan in hun eigen bedjes kunnen slapen. Win-win dus.

En nu? De kinderen zijn al enthousiast aan het spelen met hun cadeautjes. Sabine en Daniëlle zorgen voor drinken en een stuk banketletter. Jos en Maxime laten Tierry uit. Zelf heeft ze al het inpakpapier verzameld en de kinderen geholpen met hun cadeautjes uit de verpakking halen. Het is grappig om te zien hoe Matt aan Jess en Roos laat zien wat ze allemaal kunnen met hun nieuw verworven speelgoed. Jade rommelt overal tussendoor.

Ze zou nu naast Karel op de bank moeten zitten en ze zouden samen glimlachend hun kleinkinderen moeten gadeslaan. Een suikerzoet plaatje misschien, maar niet onrealistisch, toch? Dat is toch niet te veel gevraagd? Gezien de situatie blijkbaar wel. Karel zit – nee, hangt – in een fauteuil en heeft alleen aandacht voor zijn telefoon, en zij probeert uit alle macht te doen alsof ze vreselijk van deze middag geniet. Vanavond komen Philip en Wietske ook, dan vieren ze sinterklaas met alleen de volwassenen. Was deze dag maar voorbij. Ze heeft het gevoel dat ze het niet veel langer kan opbrengen om samen in dezelfde ruimte toch zo eenzaam te zijn.

Ineens ziet ze vreselijk op tegen kerst en oud en nieuw.

Ze schrikt van een klopje op de deur en Sabines stem die vraagt of het wel goed gaat.

'Ja, hoor.' Het klinkt niet zo opgewekt als ze bedoeld had. Ze trekt voor het idee door en wast haar handen. Sabine staat in de gang op haar te wachten. Zonder iets te zeggen slaat ze haar armen om haar moeder heen.

'Je koffie staat klaar,' fluistert ze. 'Na de koffie gaat pa even in ons bed liggen, dan is hij met het eten en vanavond veel beter te pas.'

Jantine knikt. Ze wil zeggen dat er volgens haar niet zoveel mis is met Karel. Hij heeft alleen zijn belangstelling voor haar en voor zijn kinderen en kleinkinderen grotendeels verloren omdat hij alleen nog maar met zichzelf bezig is. Ze doet het niet. Het is er nu niet de plaats en het moment voor. Ze is te verbitterd.

Als ze in de kamer komt, zitten tot haar verrassing Roos en Jess bij Karel op schoot en leest hij hun een van hun nieuwe boekjes voor. Ineens klopt haar ideaalplaatje een stuk beter. Hup, weg met de nare gedachten! Daniëlle en Sabine bladeren door een kookboek dat Daniëlle zichzelf cadeau heeft gedaan. Ze sluit zich erbij aan. Hoewel ze koken vaak een tijdrovend klusje vindt, doet ze het wel graag. In de winter maakt ze veel ovenschotels. Ze heeft een schrift vol met de meest uiteenlopende recepten voor ovenschotels, die ze bijna allemaal minstens één keer gemaakt heeft.

De mannen zijn inmiddels ook terug met de hond. Na

de koffie zijn er nog een paar cadeautjes voor de kinderen. Karel wacht niet tot die uitgepakt zijn, maar gaat gelijk naar boven. De kinderen hebben toch alleen maar aandacht voor hun pakjes en missen hun opa niet, merkt ze. Zelf mist ze hem tot haar verbazing ook niet. Het geeft haar juist een gevoel van rust en ruimte nu ze niet continu een oogje op Karel hoeft te houden. Ze lacht ontspannen om Jade die het inpakpapier veel interessanter vindt dan de Duploblokken die de inhoud van het pakje vormden. Terwijl de kinderen met hun nieuwste aanwinsten spelen, ruimen de volwassenen de ontstane troep op, wordt de eettafel uitgeschoven en slaat Jos aan het pannenkoeken bakken met vier koekenpannen tegelijk. Het past precies op het fornuis. Al snel verrijzen er twee stapels pannenkoeken. Eentje gebakken in de twee grootste pannen en eentje, speciaal voor de kinderen, met pannenkoeken gebakken in de kleinste pannen.

'Slim,' vindt Jantine. 'Vier pannen tegelijk, dat schiet tenminste op.'

Jos knikt. 'Het heeft nog een voordeel, want de kinderen kunnen er nu twee of drie eten. Matt waarschijnlijk nog wel meer.'

'Dat is ook zo,' knikt ze.

De beslagkom is bijna leeg, ziet ze. Ze zal eens bij Karel gaan kijken. Of niet? Zal ze hem laten liggen tot hij uit zichzelf naar beneden komt?

'Hmpf,' snuift ze onwillekeurig. Best kans dat hij dan pas komt opdagen als de kinderen op bed liggen en de rust is weergekeerd.

Jos draait zich naar zijn schoonmoeder toe, de bakspatel nog in de hand.

'Wat is er?'

'Niets. Ik vroeg me af of ik Karel wakker moet maken of niet.'

'Hij had de knollen flink op,' zegt Jos nadenkend.

Ze gaat er niet op in.

'Je kunt om het hoekje kijken en als hij diep in slaap is, laat je hem lekker liggen.'

'Ik zie wel,' houdt ze het in het midden.

Ze lacht om zichzelf als ze de trap op sluipt. De kinderen maken zoveel herrie, daar is het gekraak van een traptree niets bij.

Karel is nog diep in slaap. Zijn gezicht is ontspannen, van de frons die tegenwoordig bijna steeds zijn voorhoofd siert, is niets te zien. Een paar minuten staart ze naar hem. Wel of niet wakker maken? Voor zichzelf zou ze het helemaal niet zo erg vinden als hij nog even doorslaapt, beseft ze. En voor hem? Ze weet het niet. Als hij te lang slaapt, slaapt hij vannacht weer slecht en als ze hem wakker maakt en hij nog niet genoeg gerust heeft, dan wordt hij weer dat afgesloten eilandje op de bank waar niemand tot doordringt.

'Opaaaaa!' Schreeuwend holt Matt de slaapkamer in, en voor Jantine hem tegen kan houden, ploft hij op Karel neer, die natuurlijk meteen wakker schrikt. Matt wordt op de voet gevolgd door zijn zusje en zijn nichtje die zich ook meteen op het bed op storten.

'Arme pap,' giert Sabine, die de kinderen gevolgd is en slap van het lachen tegen de deurpost leunt. 'Kijk niet zo, mam, hij kan heus wel wat hebben, hoor.'

Karel sputtert wat, maar het is niet te verstaan doordat Jess haar handjes op zijn mond drukt. Tegelijk doen Jantine en Sabine een stap naar het bed toe. Jantine trekt Roos, die paardje wil spelen, van Karels benen af en Sabine tilt Jess op zodat Karel weer fatsoenlijk lucht krijgt. 'Voorzichtig met opa, Matt,' waarschuwt ze.

'Opa is oud,' reageert Matt. 'Maar wel lief.' Hij drukt een natte kus op Karels wang. 'Dank je, kerel.' Karel haalt zijn handen door Matts haren. 'Als jullie naar beneden gaan, dan kom ik er zo aan. Ik ruik dat de pannenkoeken klaar zijn. Gauw, Matt, anders eten papa en oom Maxime alles op.'

Matt stormt naar beneden om de pannenkoeken te redden. Jess en Roos wringen zich los. 'Voorzichtig op de trap,' roept Jantine.

'Dat helpt niet,' zegt Sabine laconiek. 'Kom, mam, dan kan pap even rustig wakker worden.'

'Ik geloof dat ik dat al wel ben,' lacht Karel.

'Aan taaaafel,' schreeuwt Maxime onder aan de trap. Hij slaat met een houten lepel tegen een pan.

'Ik ook, ik ook,' roept Roos en ze hangt aan haar vaders benen.

Aan tafel constateert Jantine dat Karel er beter uitziet dan voor hij ging rusten. Het is ook niet zo dat de sarcoïdose geen invloed meer heeft, dat weet ze ook wel, maar hij zou er zelf nog zoveel aan kunnen doen, vindt ze. Conditie opbouwen, minder snoepen, gezonder eten en vooral wat flinker zijn.

Het duurt niet lang of de kinderen hebben kleverige handen en zitten hun gezichtjes onder de stroop en poedersuiker.

'Allemaal in bad,' commandeert Sabine na de maaltijd. Ze heeft er met Daniëlle de handen vol aan om ze boven te krijgen zonder dat ze alles wat ze onderweg tegenkomen laten veranderen in een plakkerige toestand. Jos en Maxime houden zich bezig met de afwas en vinden dat Karel en Jantine er maar even hun gemakje van moeten nemen.

'We kunnen wel even een klein rondje gaan met Tierry,' stelt Jantine voor. Ineens heeft ze er behoefte aan om buiten te zijn.

'Een klein rondje,' stemt Karel toe.

Het is heerlijk fris buiten. De lucht is helder en de temperatuur zit tegen het vriespunt aan. Ze staat stil en kijkt omhoog naar de maan en de sterren die iets weerspiegelen van het onvoorstelbaar grote heelal. Karel legt van achteren zijn armen om haar heen. Zijn warme adem blaast in haar nek. 'Mooi hè?'

'Prachtig, ik geloof dat ik nooit genoeg naar zo'n sterrenlucht kan kijken,' zucht ze. Ineens rilt ze.

Karel pakt haar hand. 'Kom, we gaan verder. Het is te koud om stil te blijven staan.'

Ze vlecht haar vingers door de zijne. Opgefrist komen ze terug. De kinderen liggen al in bed, Roos en Jade in campingbedjes. De meisjes zijn gelukkig erg makkelijk met slapen, en alle kinderen zijn moe van alle drukte en spanning.

'Of ze slapen meteen, of ze blijven nog uren keten,' zegt Sabine. Gelukkig is het nog voordat Philip en Wietske komen, stil boven.

'Heerlijk,' zuchten Sabine en Daniëlle tegelijk.

Ze hebben lootjes getrokken. Iedereen heeft een wat groter cadeau gekocht voor degene wiens lootje ze getrokken hebben, en voor de anderen een kleinigheidje. Daarnaast hebben Karel en Jantine traditiegetrouw gezorgd voor de chocoladeletters. Ook hebben ze voor elk gezin een bordspel gekocht. Ze hebben een heerlijke avond waarop veel gelachen wordt, vooral om de gekke cadeautjes die Philip en Wietske gekocht hebben en die ze stuk voor stuk hebben voorzien van een grappig gedichtje.

'Wijntje?' stelt Jantine voor als ze thuis zijn.

Karel aarzelt. Ze kan de blik in zijn ogen niet goed plaatsen. Is het schuldgevoel? Irritatie?

'Voor mij niet,' zegt hij. 'Ik wil, eerlijk gezegd, alleen maar naar bed... sorry. Maar neem jij gerust, hoor.'

Hoe vaak hebben ze vroeger nog even samen gezeten met een glaasje wijn als ze thuiskwamen? Hoe weinig komt het er nu nog van? Karel zegt altijd dat ze gerust zelf een wijntje kan nemen. Ze doet het nooit. Dat vindt ze niet gezellig. Het gaat haar niet zozeer om de wijn als wel om het nog even samen napraten en tot rust komen. Vandaag doet ze het wel, denkt ze. En ze denkt aan wat Wietske vanavond zei. Philip en zij hebben het heel goed samen, dat straalt ervan af, vindt Jantine, maar Philip is een uitgesproken avondmens terwijl Wietske soms al om negen uur afhaakt. 'We laten elkaar in onze waarde,' had Wietske gezegd. 'We zijn anders en het is niet zo dat het ene goed is en het andere fout. De een hoeft niet onder te sneeuwen voor de ander. Het gebeurt vaak genoeg in het weekend dat Philip tot een uur of drie 's nachts zit te gamen en dat ik om zes uur het bed uit sluip om te gaan hardlopen.'

Ze zal een voorbeeld nemen aan haar schoondochter. Ze hoeft niet onder te sneeuwen en alles op te geven ter wille van Karel. Zij mag er toch ook zijn?

Het is lastig om het advies van Corné op te volgen, ontdekt Karel. Hij merkt dat hij gewend is aan een vaste manier van communiceren. Dan zegt hij toch weer dat hij wat benauwd is en laat haar zelf de conclusie trekken dat hij dus niet met haar meegaat om een rondje te fietsen. Waarop Jantine meestal wat gepikeerd en geprikkeld reageert dat zij dan ook niet gaat of juist dat ze wel gaat, maar dan is ze haar goede humeur wel kwijt en doet ze het alleen om, zoals ze de laatste tijd steeds vaker doet, een statement te maken. Later bedenkt hij dat hij het anders had kunnen doen. Misschien wel aangeven dat hij benauwd is, maar het nauwkeuriger doen. Bijvoorbeeld dat hij nu te benauwd is om te fietsen, maar dat hij graag meegaat als hij weer vrijer kan ademhalen, of juist dat hij het jammer vindt dat hij niet mee kan, maar dat zij vooral moet gaan en moet genieten van het ritje. Zoiets.

Nog geen kwartier geleden heeft Jantine de deur achter zich in het slot gevlijd en is gewapend met boodschappentassen op de fiets naar de winkel gegaan. 'Ik ben moe,' had hij alleen maar gezegd. Nu bedenkt hij dat hij verschillende andere dingen had kunnen of misschien wel moeten zeggen. Hij had kunnen voorstellen dat hij eerst ging rusten en dat ze daarna samen zouden gaan, of opperen dat ze met de auto boodschappen zouden doen. Dat gaat tegen hun gewoonte in om de auto op korte stukjes zoveel mogelijk te laten staan, maar het is voor hem veel minder belastend. Hij had ook kunnen zeggen dat hij het fijn vindt dat ze de boodschappen haalt en dat hij ervoor zal zorgen dat de koffie klaarstaat als ze terugkomt. Of...

Hij heeft het niet gedaan. Hij is weer in de valkuil getrapt om alleen maar te klagen 'Ik ben moe'. Alsof hij niet meer in staat zou zijn om ermee om te gaan, maar van Jantine moet horen dat hij dan maar thuis moet blijven als hij zo moe is en dat ze het wel weer alleen zal opknappen. En dat zij ook weleens moe is.

'Dat is anders,' had hij beweerd, en dat bleek helemaal olie op het vuur. Zonder iets te zeggen en met opgeheven hoofd was ze de kamer uit gelopen. Hij gaat languit op de bank liggen en propt een kussen achter zijn hoofd. Hij zucht. Het gaat niet goed tussen hen beiden. Ze dachten altijd dat er niets tussen hen kon komen, maar dat is nu wel gebeurd. Toen Jantine in de overgang zat en er zoveel klachten van had, vonden ze dat ze daar goed mee omgingen en waren ze er trots op dat ze er samen zo goed doorheen waren gekomen. Nu beseft hij dat zijn ziekte een veel grotere impact op hun relatie heeft dan ze ooit hadden kunnen denken. Zou Corné weten wanneer er nieuwe bijeenkomsten zijn voor mensen die beter willen leren omgaan met sarcoïdose? Straks maar eens vragen, bedenkt hij vaag voor hij in slaap sukkelt.

Hij wordt pas wakker als Jantine een pot rode kool uit haar handen laat glippen die met veel lawaai op de plavuizen keukenvloer in scherven uiteenspat. De scheldkanonnade van Jantine die erop volgt, laat aan duidelijkheid niets te wensen over. Even doorzetten, houdt hij zichzelf voor. Dit is geen moment om te blijven liggen, ook al heb je het gevoel dat je wel drie dagen achter elkaar kunt slapen.

'Lieve help,' stamelt hij als hij in de keuken komt. 'Alles zit eronder.'

'Help liever,' snibt Jantine.

Met vereende krachten ruimen ze de troep op. Op de gekste plaatsen zitten paarsrode druppels, kleven sliertjes rode kool en vinden ze glasscherven terug.

'Weet je nog die pot mayonaise?' herinnert hij zich.

'Wat een ramp was dat,' zucht ze. 'En weet je nog toen je met de frituurpan in je handen over de drempel struikelde? Dat was pas erg.'

'Dat heb ik verdrongen,' lacht hij. 'We glibberden gewoon de keuken door. Weet je nog?'

'Dat vergeet ik echt niet meer. Ik kwam kijken wat er gebeurde en ging zowat onderuit in die glibbertroep.'

'Het was voor de kinderen in elk geval duidelijk waarom je nooit met een nog warme pan moet lopen.'

Ze schiet in de lach. 'Ja, jij hebt altijd de neiging gehad om dingen die allang duidelijk zijn nog eens overdreven te demonstreren.'

Hij grijpt haar om haar middel. 'O ja? Heb ik dat?'

'Jaaa,' giechelt ze.

'Zal ik dan eens overdreven demonstreren hoeveel ik van je houd?' Hij kust haar in de nek.

Ze geeft geen antwoord, maar draait zich om in zijn armen en heft haar gezicht naar hem op.

Hij zit op de rand van het bed. Jantine is naar beneden gegaan om thee te zetten. Hij voelt zich uitgeput. Vroeger kon hij zich, hoe hard hij die dag ook gewerkt had, 's avonds in bed nog volledig geven. Nu komt het er nog maar weinig van. Jantine lijkt er de laatste jaren minder behoefte aan te hebben, en hij is bang voor de energie die het hem tegenwoordig kost. Toch was het fijn om zich weer zo één te voelen. Niet alleen lichamelijk, maar ook geestelijk. Hoelang is het geleden dat ze samen zo hebben gelachen? Hij kan het niet bedenken. Hij weet alleen dat het veel te lang geleden is.

Ze groeien uit elkaar, beseft hij. Hij steunt met zijn ellebogen op zijn bovenbenen en leunt met zijn hoofd in zijn handen. Kunnen ze weer naar elkaar toe groeien, of zal er voor altijd een kloof tussen hen blijven die maar zelden overbrugd wordt en die misschien zelfs steeds breder wordt tot die niet meer overbrugd kan worden? Hij staat op en legt zijn handen in zijn onderrug, die tegenwoordig gevoelig lijkt te blijven. In voor- en tegenspoed. In gezondheid én ziekte. Ze hebben het elkaar lang geleden beloofd. Zullen ze het waar kunnen maken? Hij heeft er nog nooit zo aan getwijfeld als op dit moment. Zou hij zich na zoveel jaren niet juist hoopvol moeten voelen en vertrouwen hebben dat ze het samen zullen rooien?

10

Corné glimlacht bij het lezen van het berichtje. Hij hoopte dat zijn cadeautje in goede aarde zou vallen, maar hij was er niet honderd procent zeker van. Martien vindt het 'leuk en aardig dat hij aan haar gedacht heeft'. Cynthia zou enthousiastere bewoordingen hebben gekozen, maar zijn zus is sowieso een uitbundiger type dan Martien en bovendien is ze zijn zus. Hij begrijpt wel dat Martien zich wat gereserveerder uit. Zo is ze ook. Ze geeft zich niet zo makkelijk en heeft niet in de gaten dat hem dat juist intrigeert. Hij heeft het idee dat 'stille waters, diepe gronden' best eens op Martien van toepassing kan zijn. Ze heeft in elk geval geraden dat het pakje van hem afkomstig was.

Een moment heeft hij overwogen om een boek te kopen, want hij weet dat ze van lezen houdt. Als ze het onlangs over titels gehad zouden hebben die ze nog graag wilden lezen, dan had hij dat beslist gedaan. Nu hebben ze het alleen gehad over de boeken die ze onlangs gelezen hebben. Daarom heeft hij voor Rituals gekozen. Dat hebben ze samen voor zijn zus gekocht en daarmee is er een link naar hem als gever gecreeerd. Hij wilde wel dat Martien haar pakje van Sinterklaas naar hem kon herleiden, en dat is dus gelukt. En ze vindt het leuk. En aardig. Ze deed niets aan sinterklaas, zei ze toen ze cadeautjes kochten voor zijn familie. Het klonk een beetje verloren, maar dat heeft hij er misschien ook wel in willen horen, want er zijn zoveel mensen die geen sinterklaas vieren, om wat voor reden dan ook. Hij zou waarschijnlijk ook geen sinterklaas meer vieren als Cindy en PieterBart er niet geweest waren. Ze hebben het afgelopen weekend al gevierd, omdat vijf december een doordeweekse dag is en dat niet handig uitkwam met de diverse agenda's. De cadeautjes die hij gekocht had, waren in de smaak gevallen. Vooral Cindy was in de wolken met haar oorbellen en had hem wel drie keer omhelsd. Zijn moeder had droog gevraagd met wie hij zijn sinterklaasinkopen had gedaan. Hij had het vaag gehouden, maar ze vond het toch nodig om veelbetekenend te knikken en droog 'Aha' te zeggen. Het is geen geheim voor hem dat zijn ouders, en vooral zijn moeder, het fijn zouden vinden als hij 'aan de vrouw' zou geraken. Ze weten ook hoe hij erover denkt, nog afgezien van het feit dat je maar net de ware tegen het lijf moet lopen. Chronisch ziek met vooralsnog geen uitzicht op genezing of verbetering. De sarcoïdose mag dan stabiel en rustig zijn op het moment, het is niet gezegd dat dat zo blijft, al heeft de longarts daar wel goede hoop op. Mag hij dat iemand aandoen?

Hij schudt zijn hoofd. Nee, dat kan hij niet maken. Vriendschap, dat is wat hij te bieden heeft, meer niet. Jammer genoeg wonen de vrienden van zijn vriendengroep allemaal in Rotterdam en omgeving. Hij is de enige die teruggegaan is naar zijn geboortegrond. Niet zozeer uit heimwee, maar omdat hij er een leuke baan aangeboden kreeg. Hij heeft er een paar jaar met plezier gewerkt, maar toen er een andere directeur kwam, ging er ook een andere wind waaien. De ene na de andere collega vertrok en ook hij zocht een andere baan. Die vond hij in Apeldoorn. Dat betekende langere reistijden, maar dat telde hij nauwelijks. Hij had geen hekel aan autorijden. Tot hij ziek werd…

Hij heeft zo lang mogelijk doorgewerkt, maar op een gegeven moment ging het niet meer en heeft hij maanden thuis gezeten. In die tijd heeft hij zijn modelspoorhobby nieuw leven ingeblazen. Nu is hij er minder mee bezig dan hij zou willen, want er gaat heel veel energie zitten in werken en reizen. Hij heeft het getroffen met zijn werkgever. Die zag hem niet graag vertrekken en was bereid mee te denken over een zo optimaal mogelijke oplossing. Nu werkt hij vier dagen zes uur per dag. De woensdag is een rustdag geworden, en op dinsdag en vrijdag kan hij meestal thuis werken. De verstandhouding met zijn collega's is ook goed. Vanuit de sarcoïdosevereniging weet hij maar al te goed dat dit zeker niet vanzelfsprekend is. Hij kent verschillende mensen die ontslagen zijn. Officieel niet vanwege hun ziekte, uiteraard, maar op andere, zogenaamd legitieme gronden. Hij kent ook mensen die zelf ontslag hebben moeten nemen omdat er zulke hoge eisen aan hen gesteld werden en er zo weinig begrip getoond werd, dat ze niet anders konden dan zelf weggaan. Zij zijn eruit gewerkt, en vind dan maar eens een andere baan. Ondanks wetgeving en tegemoetkomingen zijn veel werkgevers huiverig om chronisch zieken in dienst te nemen.

Hij kijkt naar buiten, waar vogels flink gebruikmaken van de zaden en pinda's die hij voor ze opgehangen heeft. Een boomklevertje gooit met fanatieke beweginkjes de zaadjes uit het bakje. Hij lacht en schudt zijn hoofd. Vandaar dus elke keer die bende op het balkon. Zijn blik glijdt verder, over het grasveldje en naar de bomen erachter, die nu zo goed als kaal zijn. Hij woont in een appartement aan de rand van een park, niet ver van zijn ouderlijk huis. Op maandag en donderdag rekenen zijn ouders erop dat hij bij hen aanschuift voor de warme maaltijd. Dat is niet alleen gezellig en lekker, want zijn moeder kan goed koken, maar ook handig, want juist de maandagen en donderdagen zijn voor hem zware dagen. Vaak krijgt hij dan ook nog een prakje mee, dat de dag ervoor 'toevallig' overgebleven is, zodat hij dat de volgende dag alleen maar hoeft op te warmen. De vrijdag is, zo aan het eind van de werkweek, ook vaak geen makkelijke dag. Het gebeurt regelmatig dat hij dan overdag twee keer moet gaan liggen om de dag door te komen.

Gisteren heeft hij een bakje met hutspot meegekregen, dat hij net in de magnetron opgewarmd en daarna met smaak leeg gelepeld heeft. Hij plaatst het bakje en het gebruikte bestek in de vaatwasser en maakt een kopje espresso. Hij geeft niet veel om toetjes, in plaats daarvan drinkt hij veel liever een espressootje. Terwijl hij er met kleine slokjes van drinkt, overweegt hij wat hij vanavond zal gaan doen. Veel energie heeft hij niet over, maar hij is ook geen type om alleen maar achter de tv te hangen. Het is een voortdurend afwegen en compromissen zoeken. Het lukt niet altijd. Dan gaat hij te lang door met gamen of hij gaat toch op vrijdagavond naar zijn vrienden toe. Om de week komen ze bij elkaar. Vaak doen ze bordspelletjes, maar ze gaan ook wel naar de film of iets anders doen. De anderen zien elkaar tussendoor ook wel, maar daar is voor hem de afstand te groot voor. Vrijdag is er weer vriendenavond. Frank en Jody hebben een nieuw spel op de kop getikt bij hun favoriete spellenwinkel. Volgens de reviews op internet is het een erg leuk spel, dus hij wil er graag bij zijn. Hopelijk lukt het.

Hij start de computer op. Hij heeft zich voorgenomen meer tijd te besteden aan het ontwerpen van de treinbaan, maar vanavond is hij er te lam voor. Zelfs in gamen heeft hij weinig zin. De bank en de televisie zijn een stuk aantrekkelijker, maar hij weet dat hij dan binnen twintig minuten onder zeil is en niets meekrijgt van het tv-programma, en dat vervolgens de kans groot is dat hij vannacht slecht slaapt. Dan is hij morgen niets waard. Gamen is beter. Als hij eenmaal bezig is, verliest hij zich in het spel en voelt hij niets meer. De tijd zweeft gewichtloos voorbij en dat is een heerlijk gevoel.

Martien is ook aan het gamen, verder ziet hij geen bekende namen. Sommige namen heeft hij weleens vaker gezien, maar die zitten niet in de whatsappgroep.

Het wil niet lukken vanavond. Hij kan zich niet concentreren en doet domme dingen, die hem verwijtende berichtjes van zijn teamgenoten opleveren. Ineens betrapt hij zich erop dat hij nietsziend naar het scherm zit te staren. Is hij even in slaap gesukkeld? Zijn team is druk bezig de missies uit te voeren en hij staat stil op de plaats waar hij het spel begonnen is. Zo goed mogelijk probeert hij nog mee te spelen, maar de strijd is al beslist. Ze verliezen. Hij maakt zijn excuses naar het team. Hij was er even niet bij…

Dat was duidelijk, reageert Martien op WhatsApp. Ze vraagt of ze al klaar zijn met sinterklaas vieren, waarop hij uitlegt dat ze dat in het weekend al gevierd hebben. Hij bedankt haar nogmaals voor haar hulp bij het uitzoeken van de cadeautjes, en zij bedankt hem dan ook nog maar eens voor zijn cadeautjes.

Wat een suf gesprek, denkt hij, kan hij nu echt niets leukers bedenken om het gesprek gaande te houden? Het is gezellig en kost weinig energie. Om negen uur mag hij naar bed, spreekt hij met zichzelf af. Hopelijk maakt hij een voor zijn doen lange nacht, anders is de kans groot dat hij voor vijf uur alweer wakker is. Hij heeft geprobeerd die biologische klok te verzetten, maar zonder succes. Tussen vijf en zes uur is hij wakker, hoe vroeg of hoe laat hij ook naar bed gaat. Een heel enkele keer wordt het iets later. Daarom moet hij ervoor zorgen dat hij ’s avonds op tijd afnokt. Meestal ligt hij om halftien al in bed.

In het begin lichtte hij nogal eens de hand met de afspraken die hij met zichzelf gemaakt heeft. Altijd kwam hij van een koude kermis thuis. Soms leek het een aantal dagen goed te gaan, maar steeds kwam het moment dat hij compleet instortte en dagen, en soms nog langer, nodig had om bij te tanken.

Het is prettig om een redelijk vast ritme te hebben en er alleen van af te wijken als het nodig is, zoals voor de vrijdagse spelletjesavonden in Rotterdam. Daar komt hij diep in de nacht van thuis. Die zaterdag plant hij ook maar zelden iets, want hij weet inmiddels ook hoe belangrijk rust nemen is en dat hij er alleen zichzelf mee heeft als hij eigenwijs is. Op zo’n zaterdag rommelt hij meestal maar wat in huis. Het woord ‘rommelt’ doet hem denken aan de rommel die de vogels op zijn balkon maken. Dat is een leuk iets om aan Martien te vertellen.

Het gamen laat hij voor wat het is. Het wordt toch niets meer. Hij kijkt wat rond op Facebook terwijl hij intussen een paar berichtjes wisselt met Martien. Ook in de app van de vriendengroep komt reuring. Frank en Jody hebben onverwacht een afspraak aan het begin van de volgende spelletjesavond, dus ze kunnen pas tegen halfnegen starten. Hij zuigt zijn onderlip naar binnen. Dat is balen! De avond wordt zo wel erg kort ten opzichte van zijn reistijd, en bovendien als ze zo laat beginnen is hij ook al niet meer op zijn best. Hij weet dat hij er verstandig aan zou doen om af te zeggen, maar hij wacht er nog even mee. Later kan het ook nog wel.

Expres wacht Martien met het beantwoorden van de appjes. Hoe leuk ze het ook vindt dat Corné haar verrast heeft met sinterklaascadeautjes en hoe gezellig het ook is om met elkaar te appen, ze wil de schijn vermijden dat ze op zijn reacties zit te wachten en meteen een reactie terug typt.

Ze analyseert het onbestemde gevoel dat zich van haar meester maakt. Het is leuk om met iemand te appen. Dat doet ze zelden. In haar contactenlijst staan vrijwel alleen maar collega's, en die spreekt ze door de week op haar werk al genoeg. Van de gamegroep heeft ze wat afstand gehouden. Ze voelt zich er niet meer zo thuis. Een paar mensen hebben de groep verlaten en anderen mengen zich ook niet zo vaak meer in de gesprekken.

'Je leeft als een kluizenaar,' zei Linette van de week nog. Dirk, die net bij haar bureau stond met een vraag, beaamde het. 'Ga op Tinder,' adviseerde hij.

Blijkbaar had ze zo'n raar gezicht getrokken dat Linette in lachen was uitgebarsten en Dirk hoofdschuddend had gezegd dat het helemaal geen slecht advies van hem was. Tinder! Hoe komt hij erop? En trouwens, ze mag dan veel te veel alleen zijn volgens haar collega's, zelf heeft ze daar absoluut geen last van en vindt ze het heerlijk om haar eigen gang te kunnen gaan zonder dat iemand daar iets negatiefs van wil vinden en haar steeds wil claimen.

Ze had gedacht dat Rob zo anders was. Hij was lief, had aandacht voor haar en stond altijd voor haar klaar. De twijfels die haar soms bekropen, duwde ze weg met de gedachte dat ze het niet gewend was dat iemand aandacht aan haar besteedde. Natuurlijk voelde dat raar. Dat er ook momenten waren waarop zij helemaal niet belangrijk voor hem leek en hij zijn eigen gang ging, wilde ze niet zien. Hij leek er altijd een goed verhaal voor te hebben. Zelf dacht ze er niet aan om aan te geven wat zij zou willen, gewend als ze was om te willen wat anderen van haar wilden. Als Rob zijn eigen weg ging, dan was er ruimte om iets voor zichzelf te doen. Dan zette ze de naaimachine op tafel of pakte ze haar breiwerk. Rob kon er niet tegen als de machine ratelde, en evenmin verdroeg hij het tikken van de breinaalden. Als ze er nu op terugkijkt, snapt ze niet dat ze het zo ver heeft laten komen. Als zij iets wilde, dan was daar zelden ruimte voor en als ze het toch doorzette, moest het op gestolen momenten, terwijl Rob zelfs nog dacht dat hij ermee weg kon komen dat hij met Jeanet het bed in gedoken was. Dat was namelijk ook haar schuld. Ze wilde immers nooit meer vrijen?

'Nooit' was in deze situatie nog geen twee weken geleden, had ze later uitgerekend. Nou ja, hij had in die zin gelijk dat ze geen zin had gehad, maar toch zin had gemaakt ter wille van de lieve vrede.

Eindelijk was ze boos geworden. Eindelijk was de maat vol. Zodra Rob die maandag naar zijn werk was, had ze twee koffers volgepakt met kleding en haar meest favoriete boeken. Een ronde door het huis deed haar beseffen dat er niets was waar ze waarde aan hechtte. Erfstukken bezaten ze sowieso niet, en ook voor de rest hadden ze niets waardevols in huis. Ze had haar tas gepakt, gecontroleerd of haar portemonnee, pasjes en papieren erin zaten en was onhandig met de grote koffers manoeuvrerend naar het station gelopen, waar ze ingecheckt had en op de bonnefooi in de eerste de beste trein gestapt was die stopte. Voor ze het wist, was ze in Enschede. In een opwelling kocht ze een kaartje voor de trein naar Duitsland en stond anderhalf uur later verdwaasd in Münster, terwijl ze zich afvroeg wat ze daar deed. Hoe kwam ze erbij om zomaar hierheen te gaan? Wat zou Rob er wel niet van zeggen?

Die gedachte bracht haar bij haar positieven. Ze zou juist stapelgek zijn als ze terugging. O ja, het zou nog kunnen. Ze zou nog terug kunnen gaan zonder dat Rob hier iets van zou hoeven merken. Maar dat deed ze niet. Ze ging niet terug. Nu niet en nooit. Vastberaden hing ze haar tas over haar schouder en duwde met elke hand een koffer naar het hotel tegenover het station. Zonder naar de prijs te vragen, boekte ze een kamer. Daar had ze zich huilend op het bed laten vallen. Toen ze eindelijk overeind kwam, had ze afscheid genomen van Rob en van haar huwelijk. Pas later besefte ze dat dit alleen maar de laatste stap was geweest. Rob en daarmee haar huwelijk was ze allang kwijt. De 'liefde' van Rob was eisend, egocentrisch en denigrerend. Ze hoefde niet in haar bijbel naar 1 Korintiërs 13 te bladeren om zich te herinneren wat er in dat hoofdstuk over de liefde staat.

De liefde is geduldig en vol goedheid. De liefde kent geen afgunst, geen ijdel vertoon en geen zelfgenoegzaamheid. Ze is niet grof en niet zelfzuchtig, ze laat zich niet boos maken en rekent het kwaad niet aan, ze verheugt zich niet over het onrecht maar vindt vreugde in de waarheid. Alles verdraagt ze, alles gelooft ze, alles hoopt ze, in alles volhardt ze.

Alles heeft ze willen verdragen, geduldig. Alles hoopte ze, ooit zou het goed moeten komen, als ze maar volhardde in het goede doen. Eens zou dat vruchten afwerpen. Ze geloofde erin, wilde het geloven. Toen ze het pikante slipje van Jeanet in haar bed vond, waren hoop, liefde en geloof in het slagen van haar huwelijk in één klap verdwenen. Hoe kon ze nu nog geloven en hopen, laat staan volharden? Ze heeft gefaald in haar liefde. De liefde van haar ouders heeft ze nooit kunnen verdienen, en Rob heeft haar zijn liefde ook nooit waardig gekeurd. Zelfs haar beste vriendin heeft hun vriendschap verraden.

Ze is nu ruim vijf jaar weg bij Rob. Het zijn de beste jaren van haar leven. Ja, soms eenzaam. Dat is blijkbaar de prijs die ze moet betalen om zichzelf te kunnen zijn. En die betaalt ze met liefde. Ze kan doen en laten wat ze wil, hoeft niet meer te vliegen op de wensen van een ander en ze wordt niet meer veracht om wat ze vindt en wat ze doet. Het was nooit goed, nooit genoeg. Ze weet niet precies wat Rob in hun vriendenkring verteld heeft, wel dat hij haar voor was met hen op de hoogte brengen van het feit dat zij wilde scheiden. Zelf heeft ze het hun ook laten weten, maar omdat ze Rob niet zwart wilde maken, heeft ze de directe reden van de scheiding niet benoemd. Een paar mensen hebben in het begin nog wel een berichtje gestuurd, maar ze heeft niemand meer gezien. Ze vermoedt sterk dat Rob het verhaal zo gedraaid heeft dat het allemaal haar schuld is, en dat iedereen daar blijkbaar zo in getrapt is dat niemand ook maar overwogen heeft om haar kant van het verhaal aan te horen. Zelfs Onne heeft niets van zich laten horen, en op haar bericht aan hem heeft hij nooit gereageerd. Via via heeft ze gehoord dat hij zich heeft laten overplaatsen en nu in Zeeland woont. Hij heeft blijkbaar besloten zijn hele leven een nieuwe start te geven en alles en iedereen van 'vroeger' uit zijn leven te bannen. Dat heeft zij uiteindelijk ook gedaan, maar dan noodgedwongen, omdat niemand meer van zich liet horen. Soms kwam ze een bekende tegen in de winkel, maar steevast liep die haar met een afgewend gezicht voorbij, alsof diegene haar niet gezien had, of, als het niet anders kon, met een vluchtige groet. Het duurde niet lang voor ze zichzelf bijeenraapte en besloot de eer aan zichzelf te houden. Wat heb je tenslotte aan vrienden die niet eens de moeite nemen om jouw kant van het verhaal te horen of bereid zijn zich neutraal op te stellen?

In Almelo vond ze snel een woning die naar haar zin was, in dezelfde tijd werd ze aangenomen bij de gemeente Deventer. Zo maakte ook zij een nieuwe start, en ze nam zich voor om niemand meer zo dichtbij te laten komen dat die haar kwetsen kon. Dat lukt ook prima. Met haar collega's onderhoudt ze luchtige vriendschappen. Een enkele keer komen ze bij elkaar op visite of ondernemen ze gezamenlijk iets. De gamegroep vormt ook geen bedreiging. De sfeer staat haar niet erg aan. Misschien speelt het toch ook mee dat ze de enige vrouw is. Maar Corné heeft onbewust wel stappen op verboden terrein gezet. Ze vindt het een leuke en gezellige man, maar meer ook niet. Dat staat ze zichzelf niet toe. Ze wil geen valse verwachtingen scheppen, en daarom reageert ze niet gelijk op zijn berichtjes, voor het onwaarschijnlijke geval dat hij er meer mee bedoelt dan gewoon vriendschap. Zijn ze überhaupt vrienden? Misschien meer kennissen of iets daartussenin?

Wat zit ze eigenlijk allemaal te prakkezeren over een paar appjes die nergens over gaan? Natuurlijk stelt het allemaal niets voor. Ze zet het geluid van haar telefoon uit en legt hem ondersteboven neer. Nu merkt ze het niet als er berichtjes binnenkomen. Ze start een nieuwe game.

11

'Kind, wat ben je stil?' Tante Gien houdt haar hoofd scheef. 'Is er iets?'

Jantine dwingt zichzelf om niet te zuchten. 'Nee hoor, alleen een beetje moe. Slecht geslapen,' zegt ze vaag.

Tante Gien knikt, maar Jantine ziet dat ze er niets van gelooft.

'Ik ga boven stofzuigen, tante Gien,' zegt ze. Het is een vlucht. De tranen zitten de hele dag al hoog. Na de belangstellende woorden van de opmerkzame tante Gien heeft ze het gevoel dat er niets meer nodig is om ze te laten stromen. Ze heeft het gevoel dat ze doordraait. Volgende week is het kerst. Ze heeft er nog nooit in haar leven zo tegenop gezien. Alles is weliswaar zo geregeld als ze bedacht heeft, maar er zijn zoveel kleine dingetjes die geen naam hebben en toch ook gebeuren moeten. En Karel... Karel maakt het haar alleen nog maar moeilijker. Hij klaagt over een dip en dat hij te moe is om 's avonds ook maar iets te doen. Vandaag heeft hij zich zelfs op kantoor ziek gemeld. Te moe om uit bed te komen. De volgende dag zou het vast beter gaan. Hij moet een schop onder zijn kont hebben, had ze boos gedacht. Hij is gewoon moe van het moe zijn. Blijven liggen helpt niet, hij moet juist wat actiefs doen, vindt ze, maar ze krijgt hem niet in de benen. Hij ligt op bed of hangt in zijn stoel en wordt met de dag somberder, terwijl zij haar benen uit haar lijf loopt om alles voor kerst voor elkaar te boksen. Alsof zij niet moe is. Natuurlijk is ze moe! Na de feestdagen slaapt ze waarschijnlijk vierentwintig uur aan een stuk, maar dat is het waard. Ze hebben zo'n prachtig gezin. Dat moeten ze koesteren, herinneringen maken voor later.

Ze trekt het snoer uit de stofzuiger en steekt de stekker in het stopcontact. Na een druk op de knop komt het apparaat luidruchtig tot leven. 'Ik heb er helemaal geen zin meer in,' moppert ze hardop. Niemand die haar nu verstaat. Ze kan gerust mopperen wat ze wil. Een veilige uitlaatklep. 'Ik moet alles alleen doen. Karel laat de boel maar waaien, maar de kinderen verwachten dat alles is zoals het elk jaar is. Daar heb ik al inbreuk op gemaakt en tradities verbroken. Het moet verder zijn zoals altijd, het móét gewoon.'

'Wat zeg je?' schalt er vanaf beneden.

Ongemerkt is ze steeds harder gaan praten tot tante Gien hoorde dat ze iets zei.

'Nee, niets, tante Gien. Ik zong,' roept ze.

'*Joy to the world*?' roept tante Gien hoopvol terug. 'Wil je...?'

'Als ik beneden ben,' belooft Jantine. Gelukkig zingt ze graag. Met kerst en andere feestdagen zingt ze altijd mee in het gelegenheidskoor in de kerk. Dit jaar heeft ze zich niet opgegeven. Ze zag ertegenop.

Tante Gien maakt van de gelegenheid gebruik om nog meer verzoeknummers in te dienen. Terwijl Jantines handen doorgaan en alles minutieus afstoffen, zingt ze alles wat tante Gien maar wenst. Ze knapt er zowaar van op. Misschien moet ze zich toch aanmelden voor het koor. Zingen is goed voor de mens, en ze mag toch ook wel iets voor zichzelf hebben?

Als laatste zeemt ze de ramen aan de buitenkant. Voor ramen op de eerste verdieping komt een glazenwasser, maar de benedenboel doen ze zelf. Doet ze zelf, verbetert ze zichzelf in haar gedachten. Tante Gien kan het allang niet meer. Direct na oud en nieuw kan ze ze natuurlijk weer zemen, bedenkt ze zuchtend terwijl ze de emmer omspoelt. Normaal vindt ze het geen probleem, maar dit jaar valt alles haar zwaar. Ook de voorbereidingen waarvan ze normaal gesproken zo genieten kan, doen haar nu niets. Plichtmatig heeft ze kerststukjes gemaakt, en voor het kerstdiner heeft ze recepten op het oog die haar bekend zijn en die niet al te veel voorbereiding vergen. Karel informeerde van de week al waar haar proefbaksels dit jaar bleven. Hij is niet anders gewend dan dat ze na sinterklaas en soms zelfs al daarvoor recepten aan het uitproberen is. Niet alle recepten haalden uiteraard het kerstmenu. Karel mocht dan zelf niet meer zo vaak in de keuken staan, hij kan nog steeds goed aangeven wat hij waardeert in een gerecht of wat het naar zijn idee nog lekkerder zou maken. Alleen dat proces is al zo leuk, maar dit jaar dus niet.

Ze zegt tante Gien gedag en stapt op de fiets. Langzaam fietst ze naar huis. Het liefst zou ze onder de dekens kruipen en slapen tot Driekoningen. Dan is alle drukte en gedoe voorbij. Misschien moet ze Karel volgend jaar zijn zin geven en kerst samen vieren, zonder de kinderen en hun gezinnen, zonder haar familie, zonder uitgebreid kerstdiner en met simpelweg boerenkool met rookworst op het menu. Ze kent geen mensen die het daadwerkelijk bij boerenkool met worst houden, maar wel mensen die het een stuk simpeler houden dan zij doen. Dan gaan ze bijvoorbeeld gourmetten en is ook iedereen tevreden. Ja, dat is wel een idee voor volgend jaar. Ze zal Sabine dan vragen of ze hun gourmetstel meeneemt. Die heeft er een met ronde uitsparingen waar de pannetjes op horen te staan, maar die ronde uitsparingen zijn ook erg geschikt om pannenkoekjes in te bakken. Dat zal bij de kleinkinderen beslist in de smaak vallen, al zullen vooral de jongsten er nog wel hulp bij nodig hebben.

Met het voorwiel van haar fiets duwt ze de tuindeur open. Het loopt tegen twaalf uur. Ze had ook wel ingeschat dat ze de hele ochtend nodig zou hebben bij tante Gien, juist omdat het niet alleen om het poetsen gaat, maar ook om een praatje en gezelligheid. Ze smeert twee boterhammen, belegt ze met ham, kaas en plakjes komkommer en schenkt een glas karnemelk in. Ze installeert zich ermee op de bank, samen met de *Margriet* die bij thuiskomst op de mat lag.

Een uur later wordt ze wakker. Haar nek is pijnlijk en de *Margriet* ligt als een aangeschoten vogel op de grond. De boterhammen zijn op, maar de karnemelk is lauw geworden. Daar gruwelt ze van. Ze heeft er nu ook geen zin meer in. Het liefst zou ze in bed kruipen en daar verder slapen. Tot Driekoningen is onzin, maar ze heeft het gevoel dat ze best tot morgenochtend onder zeil zou kunnen zijn. Ze wrijft haar nek en beweegt die langzaam heen en weer tot haar spieren soepeler en minder pijnlijk aanvoelen. Ze raapt de *Margriet* op en strijkt de verkreukelde bladzijden glad. Langzaam sjokt ze naar de keuken, waar ze een pittige bak koffie voor zichzelf maakt in haar favoriete gebloemde kopje. Ze drinkt met kleine slokjes van het hete vocht. Hè, daar knapt ze van op.

Haar ogen glijden over alle planten die leven geven aan de huiskamer. Ze staan er stuk voor stuk prachtig bij, constateert ze, al werkt het bezig zijn met de planten niet zo ontspannend meer als voorheen. Hopelijk komt het plezier daarin in januari weer terug als het rustiger wordt. Ze belooft zichzelf een tweede kop koffie als ze de bovenverdieping opgeruimd heeft, zodat de kleinkinderen er kunnen slapen. Philip en Wietske willen het liefst naar huis op eerste kerstdag, maar als het erg laat wordt, blijven ze wel slapen. Voor de zekerheid moet er dus ook een bed voor hen klaargemaakt worden.

Het opruimen is zo gebeurd. Dat was wel anders toen de kinderen nog thuis woonden. Vooral Maxime was een sloddervos, verbazingwekkend genoeg is hij nu juist ordelijk en precies. Ze verschuift het zitje op de logeerkamer en zet het campingbedje op voor Roos. Voor Matt en Jess maakt ze de logeerbedden op met fleurige overtrekken. Maxime en Daniëlle nemen het campingbedje voor Jade mee. Voor Philip en Wietske maakt ze het tweepersoonsbed op de zolderkamer op.

Tevreden neemt ze de vertrekken in zich op. Ze voelt haar rug, maar deze klus is in elk geval geklaard. De koffie heeft ze nu beslist verdiend, en die laatste stroopwafel in de koektrommel ook, vindt ze.

De rest van de middag houdt ze zich bezig met het maken van lijstjes. Wat moet er nog gebeuren en door wie? Wat moet er nog precies aan boodschappen komen? De pijn in haar rug zeurt zachtjes door.

Pasta, ruikt Karel zodra hij uit de auto stapt. Daar heeft hij echt zin in. Hopelijk is Jantine niet te zuinig met de pesto en doet ze er lekker veel champignons in.

'Daar ben ik weer,' zegt hij vrolijk als hij de keuken binnenstapt. Hij kust Jantine. 'Lekker, pasta, daar heb ik zin in,' zegt hij.

Ze lacht. 'Daar heb je altijd zin in.'

'Dat is waar,' grijnst hij. De tafel moet nog worden gedekt en hij dwingt zichzelf ertoe dat karweitje voor zijn rekening te nemen. Het is druk op het werk. Hij merkt dat dat nog meer energie kost, zodat hij bij thuiskomst vaak nog maar bitter weinig te missen heeft. Hij weet nu al dat als hij na het eten in zijn luie stoel zit, zijn ogen zullen dichtzakken. Het voordeel is dat hij na zo'n dutje meestal wel het einde van de avond haalt. Het grote nadeel is dat hij juist door dat dutje vaak slecht slaapt, zodat hij er de volgende ochtend de tol voor moet betalen. Het is een vicieuze cirkel en hij weet niet hoe hij die kan doorbreken. Hij begint er aan tafel over.

Jantine kijkt hem peinzend aan terwijl ze haar mond leegeet. Dan haalt ze haar schouders op. 'Wat denk je zelf dat je eraan kunt doen?'

'Ja, dat weet ik dus niet,' zegt hij wat ongeduldig. 'Ik ben te moe om wakker te blijven, dus dat is geen optie.'

'Je denkt dat ik het wel weet?' Het klinkt zacht en poeslief. Karel weet dat hij nu moet oppassen. Zo is Jantine. Als ze boos is of zich gekwetst voelt, dan gooit ze niet met deuren en schreeuwt ze ook niet. Ze vlijt de deuren dan juist in het slot en haar woorden klinken poeslief. Kon hij haar er maar van overtuigen dat ze zich veel te druk maakt voor kerst. Het is heerlijk om alle kinderen en kleinkinderen om hen heen te hebben en te smullen van een zorgvuldig bereid diner, maar het gaat elk jaar meer ten koste van haar humeur. Dit jaar kan hij er niets meer aan veranderen. Ze hebben er al zulke bonje om gehad, dat hij begrepen heeft dat afwijken van het ideaalplaatje dat Jantine voor ogen heeft met kerst meer tijd kost en dat hij volgend jaar er dus veel eerder over moet beginnen. Hij weet best dat ze het hem nog steeds kwalijk neemt dat hij opperde het dit jaar rustiger aan te doen met kerst. Het gevolg is dat ze nu alles buiten hem om geregeld heeft. Dat had hij kunnen verwachten, zo goed kent hij zijn vrouw wel, maar het voelt niet goed. Hij voelt zich buitengesloten en niet serieus genomen. Snapt Jantine dan echt niet dat hij zich niet aanstelt? Dat het geen kwestie is van doorzetten? En vooral, kent ze hem zo slecht dat ze denkt dat hij zo makkelijk bij de pakken neer gaat zitten? Dat besef doet hem nog het meeste pijn. Jantine zou toch beter moeten weten? Toen de kinderen klein waren en hij bij een potje voetbal zijn been gebroken had, heeft ze hem moeten dwingen om verstandig te zijn. Weet ze dat niet meer?

Hij geeft Jantine geen antwoord.

Zwijgend eten ze hun bord leeg. Op haar vraag of hij een toetje wil, schudt hij slechts zijn hoofd. Hij wil niets meer. Alleen maar zijn ogen dichtdoen.

Een paar uur later kijkt hij op de wekker.

23.45.

Dat staat mooi op de wekker, maar dat is dan ook alles. Het is nog niet eens morgen. Hij heeft zo'n tweeënhalf uur geslapen. Na het eten is hij inderdaad in zijn stoel in slaap gesukkeld. Een halfuurtje, schat hij, waardoor hij net voldoende energie had om het tot negen uur uit te houden. Hij hoopte dat hij een goede nacht zou maken, maar hij voelt wel dat dat er niet in zit. Hij probeert zich te ontspannen en vooral om zijn gedachten tot rust te brengen. Het lukt niet.

Ze jagen door zijn hoofd en zwepen zijn hartslag op tot een naar, bonkend gevoel. Was kerst maar vast voorbij en oud en nieuw ook. Vanmiddag had hij nog opgeschept tegen zijn collega Sanne over hoe ze altijd uitpakten en geen moeite hun te veel was. Dat alle drie de kinderen plus aanhang er natuurlijk zouden zijn.

'Jij liever dan ik,' had Sanne gezucht. 'Met vier kinderen onder de vier, waaronder een babytweeling, maak je echt geen extra drukte, hoor. Wij gaan nergens heen en alleen mijn moeder komt. We eten patat met appelmoes op eerste kerstdag en pannenkoeken op tweede kerstdag.'

Meewarig had hij geknikt en haar op zo'n toon gelijk gegeven dat ze voelde dat hij haar manier van kerst vieren maar een zielige bedoening vond. Dat was de buitenkant. Vanbinnen wenste hij zich net zo'n eenvoudige kerst. Hij durfde het toen niet te zeggen, en hij weet dat hij dat later ook niet zal doen. Jantine houdt nu eenmaal van zo uitgebreid kerst vieren. Hij wil dat niet afpakken. Hij heeft er het recht niet toe. Maar een beetje minder moet toch kunnen, als compromis?

Hoe zou Corné de feestdagen beleven? Ook zo hectisch?

12

Corné leest het berichtje na dat hij heeft opgesteld en dat hij inmiddels een keer of honderd gewijzigd heeft. Uiteindelijk is er een kort berichtje zonder poespas overgebleven met de vraag of Martien zin heeft tweede kerstdag in de loop van de middag langs te komen en te blijven eten. Misschien een beetje een gekke vraag, want wie nodigt op zo'n dag iemand uit die je eigenlijk helemaal niet zo goed kent? Aan de andere kant zijn ze allebei alleen. Hij viert eerste kerstdag weliswaar met zijn familie, maar op tweede kerstdag gaan ze allemaal hun eigen gang. Martien heeft, voor zover hij weet, weinig familie en vrienden, dus is de kans groot dat zij dan ook nog niets in de agenda heeft staan. Misschien is zelfs eerste kerstdag ook wel een lege dag voor haar.

Het duurt lang voor het antwoord komt. Hij kan zich niet goed concentreren op de game. Hij vraagt zich af of hij er wel goed aan gedaan heeft om Martien uit te nodigen, maar gedane zaken nemen geen keer. Hoe langer een reactie op zich laat wachten, hoe meer hij ervan overtuigd is dat het geen slimme actie was. Misschien denkt Martien nu dat hij meer bedoelt dan alleen vriendschap, goede vriendschap weliswaar, en als ze dat niet wil, verbreekt ze misschien hun vriendschap wel. Ineens kan hij zich dat levendig voorstellen.

Hij schuift de muis aan de kant. Hij is uitgeschakeld in het spel en moet nu wachten tot de spelronde is afgelopen. Hij gaat voor het raam staan en staart naar buiten. Hij heeft het gevoel dat de nog niet al te diepgaande vriendschap met Martien kan uitgroeien tot een hechtere, waarbij het niet vreemd is om samen feestdagen door te brengen. Ze hebben beslist een klik. Zover is het nu nog niet, misschien is hij te voorbarig geweest.

Een beweging in de bomen trekt zijn aandacht. Een eekhoorntje roetsjt vliegensvlug door de kale takken. Hij ziet hier vaker eekhoorntjes, en zoals altijd slaat hij ook nu het beestje met plezier gade. Een enkele keer waagt een eekhoorntje zich zelfs op zijn balkon om zich tegoed te doen aan de pinda's en zaden die hij voor de vogels heeft opgehangen. Over het pad dat hij alleen in de winter kan zien omdat in de zomer het blad van de bomen het aan het zicht onttrekt, nadert een echtpaar. Beiden zijn op leeftijd. Ze lopen langzaam en hij gebruikt een stok. Als ze dichterbij komen, staan ze stil. Zij wijst hem op iets. Misschien ook een eekhoorntje of een roodborstje of een meesje, die zitten hier ook veel. Ze blijven een moment staan. Corné probeert te ontdekken wat zij voor bijzonders zien, maar dat lukt niet. De man en de vrouw kijken elkaar aan, er trekt een lach over haar gezicht. Het gezicht van de man is van hem afgewend en kan hij dus niet zien. Wel dat de man zich naar haar toe buigt en kust voor ze langzaam verder lopen.

Corné leunt met zijn voorhoofd tegen het raam. Hoe mooi is het om in liefde samen oud te worden? Hij weet natuurlijk niet hoeveel jaren het echtpaar al samen door heeft mogen brengen, laat staan iets van de mogelijke ups en downs in de relatie. Wat hij wel gezien heeft, is gedeelde liefde, plezier en tederheid. Dat vindt hij ontroerend mooi. Het maakt hem ook jaloers. Hij is niet bewust alleen, hij is domweg de ware nooit tegengekomen.

Martien, flitst het door hem heen. Gelijk schudt hij zijn hoofd. Hij moet zich geen illusies maken. De sarcoïdose kan nog overgaan, voor zover het ooit echt overgaat, maar dat is na bijna vijf jaar geen reële verwachting meer. Hij moet er dus van uitgaan dat het zo zal blijven als het nu is. Naarmate hij ouder wordt, zullen de klachten hoogstwaarschijnlijk ook toenemen, want bij het ouder worden wordt de longcapaciteit kleiner en alles zal wat stroever gaan functioneren. Het is belangrijk om te zorgen voor gezond eten, voldoende beweging en genoeg rust. In periodes dat het niet zo goed gaat, heeft hij vaak al te veel aan zichzelf. Dat wil hij zichzelf niet aandoen en daar kan hij een eventuele partner niet mee opzadelen. Goede vriendschap is ook fijn. En misschien wel genoeg.

Maar als het toch meer wordt dan dat, gaat het door hem heen. Hij zet abrupt zijn gedachten stop. 'Het wordt niet meer, ik ben er toch zeker zelf bij,' mompelt hij. Hij gaat in de bureaustoel zitten voor een nieuwe game. Hij zal af moeten wachten wanneer hij antwoord krijgt. Of hij wel antwoord krijgt...

Vaag hoort Martien het geluidje dat een binnenkomend berichtje aanduidt. Ze kijkt straks wel. Met haar ene hand aan de muis, de andere op het toetsenbord en haar neus zowat tegen het beeldscherm, speelt ze geconcentreerd verder. Dit is een potje uit duizenden. Het gaat zo goed. Dit moet wel heel veel punten opleveren, waardoor ze flink kan stijgen in de scorelijsten. Is er nog tijd genoeg om de laatste actie af te maken? Op het moment dat het gelukt is, is de speeltijd precies ten einde.

Met een zucht leunt ze achterover en ze wrijft over haar ogen die droog aanvoelen van het intensieve getuur op het scherm. Daar komen de punten in beeld.

Wow! Dit is zeker haar beste game ooit. Wat een topscore! Ze glimlacht. Misschien moet ze stoppen voor vandaag. Na dit spel zal elke score tegenvallen. Een paar medespelers zitten ook in de appgroep en complimenteren haar daar met het uitzonderlijk goede spel. Ze willen weten of het puur geluk was of een succesvolle nieuwe strategie. Het was geen nieuwe strategie, maar puur geluk wil ze het ook niet noemen. Ze heeft tenslotte echt haar best gedaan en het op die manier ook wel naar zich toe gehaald.

Ze rekt zich uit. Wat zal ze eens gaan doen? Zin om te

gamen heeft ze niet meer. 'Altijd op het hoogtepunt stoppen,' grinnikt ze hardop. Ze maakt een mok thee en bladert door het boek dat ze van de bibliotheek meegenomen heeft. Hm, het kan haar niet boeien. De voorkant zag er veelbelovend uit en de tekst op de achterkant klonk interessant, maar na twee hoofdstukken komt ze tot de conclusie dat het verhaal haar niet boeit en de personages haar niet aanspreken. Ze zit een poosje voor zich uit te staren op de bank. Ineens staat ze op. Als ze nog langer blijft zitten, dan wordt ze nog veel lamlendiger en heeft ze vanavond een onvoldaan gevoel, waardoor ze vannacht slecht slaapt en morgen met een naar gevoel opstaat. Ze moet wat doen. De regen die daarstraks de ramen nog striemde, is opgehouden en de lucht wordt lichter. Een flinke wandeling zal haar goeddoen.

Vanwege de hoeveelheid regen die gevallen is, besluit ze tot een wandeling door de aangrenzende wijken. Het bos en het pad langs het kanaal zal een moddermassa zijn na de regen. Het heeft ook wel wat om langs de huizen te lopen en overal naar binnen te kijken. Er zijn maar weinig mensen die hun ramen zo afgeschermd hebben dat je niet meer naar binnen kunt kijken. Ze ziet de mooiste kerstversieringen en de prachtigste kerstbomen. Zelf heeft ze nog niets gedaan om de kerstsfeer in huis te brengen. Heel veel werk maakt ze er nooit van, dat is haar de moeite niet waard in haar eentje. Ze heeft een slinger met warmwitte lampjes voor over de schouw en een werkelijk mooi kerststalletje met handgesneden houten beeldjes. Wat geurkaarsen en ze is er klaar voor, vindt ze.

Al lopend en glurend vindt ze haar versie van kerstversieringen wel heel povertjes en ze laat de gedachte varen om er dit jaar helemaal niets aan te doen, want bijna elk huis is in kerstsferen en bij veel huizen is ook buiten feestelijke kerstverlichting opgehangen. Nu de schemer valt, komen de lampjes steeds beter uit. Op sommige ramen zijn raamstickers aangebracht. Ze wist niet eens dat er zoveel te krijgen was. Linette zou zeggen dat ze al jaren onder een steen leeft en geen flauw idee heeft hoe het echte leven eruitziet. Ze kaatst altijd terug dat ze liever onder die steen leeft dan Linettes leven leeft van bijna elk weekend uitgaan en veel drinken. Al geeft ze ruiterlijk toe dat Linette in zoverre haar maat kent dat ze nooit zo dronken is dat ze niet meer weet wat ze doet, en dat ze altijd zo verstandig is een taxi te bellen of met een BOB mee te rijden.

Resoluut keert ze om en neemt de kortste weg naar huis, waar ze haar tas en autosleutels pakt.

Het is druk in het tuincentrum. Een jongetje botst tegen haar op en duikt zonder iets te zeggen achter haar langs, op de voet gevolgd door een meisje dat schreeuwt dat ze hem wel krijgen zal. Haar hand knijpt zich vast rond het hengsel van het boodschappenmandje dat ze bij de ingang meegenomen heeft. Hier houdt ze dus helemaal niet van. Laat het langs je heen gaan, houdt ze zichzelf voor. Net zoals zoveel andere mensen moet je het van het weekend hebben, omdat je de andere dagen werkt.

Overal rondsnuffelen, zoals ze zo graag zou doen als het een stuk rustiger was, doet ze niet. Ze volgt de pijlen tot ze bij de kerstafdeling komt. Ook hier is het een drukte van belang. Het verbaast haar dan ook niet als ze geluid hoort van iets dat valt en versplintert, gevolgd door het huilen van een kind en een geïrriteerde uitroep van waarschijnlijk de vader van het kind, waarop dat kind nog harder gaat huilen en een vrouwenstem hard: 'Sssst, sssst!' sist. Naast haar mompelt een oudere man iets over 'schande'. Ze vermijdt oogcontact en doet haar best zich op zichzelf te concentreren en zich niet gek te laten maken door de mensenmassa.

Ze kiest een klein nepkerstboompje en ontdekt prachtige doorzichtige glazen kerstballen en mooi gevormde kaarsen. Ze zoekt er wat accessoires bij en slaakt een zucht van opluchting als ze bij de rij voor de kassa aansluit om te betalen. Ze heeft echt leuke dingen gevonden en popelt om ze een plekje te geven in haar woonkamer, maar de haast ondoordringbare mensenmassa en het onophoudelijke geroezemoes van stemmen dreigen haar kriegelig te maken. Ze houdt nu eenmaal niet van dat massale gedoe. Een evenement moet haar wel heel erg aanspreken, wil ze daarvoor de mensenmassa trotseren. Ergens is ze trots op zichzelf dat ze toch naar het tuincentrum is gegaan, aan de andere kant lacht ze zichzelf erom uit. Ze is gewoon een beetje raar dat ze moeite heeft met drukte. Als iedereen dat had, dan zou de samenleving er heel anders, een stuk overzichtelijker, uitzien.

Ze schuift het mandje dat ze op de grond heeft gezet met haar voet een klein stukje vooruit. Nog drie klanten voor haar. Het echtpaar voor haar heeft dezelfde tevreden trekken op hun gezicht. Ze praten zacht met elkaar. Ze begrijpen elkaar. Dat ziet ze in een oogopslag. Zo hebben zij en Rob er waarschijnlijk nooit uitgezien samen. Begrip dat weinig of geen woorden nodig heeft. Achter haar staat een man alleen, met een enkele kerstster in zijn karretje. Hij tikt ongeduldig met een sleutel tegen de duwstang van het karretje. In de rij naast haar haalt een vrouw alles een voor een uit het karretje om het te bewonderen en er iets over te zeggen tegen haar man, die geduldig knikt en eruitziet alsof hij met zijn gedachten totaal ergens anders is. Daarachter staat een gezinnetje. De vader kijkt boos, de moeder gegeneerd en twee meisjes staan te jengelen om snoep en drinken. Een paar meter achter haar laat een peuter zich in een driftbui op de grond zakken en krijst de boel bij elkaar. Martien bedwingt de neiging om haar handen voor haar oren te doen. Zo gezellig, met de kinderen naar zo'n tuincentrum in kerstsfeer, denkt ze ironisch. Haar stemming verbetert als ze een klein meisje ziet lopen dat bijna eerbieding een doosje met mondgeblazen kerstballen vasthoudt en daar volledig op geconcentreerd is. Haar ouders lopen er vertederd glimlachend achteraan en wisselen een blik van verstandhouding. Mensen observeren is leuk, al doet ze dat dan liever vanaf een rustig tafeltje op een terrasje.

Bijna ongemerkt is de rij doorgeschoven en is ze aan de beurt. Nadat ze betaald heeft, wikkelt ze het breekbare spul in papier. In de auto zet ze de muziek hard aan. Luid meezingend over een *Wonderful Christmastime* rijdt ze naar huis.

Het zijn met recht de donkere dagen voor kerst, realiseert ze zich als ze het donkere huis binnenkomt. Voorzichtig legt ze de tassen op tafel voor ze de lampen aanknipt. Ze hangt haar jas op en trekt sloffen aan. Toen ze binnenkwam, leek het hier zo lekker warm, maar nu is ze toch huiverig. Het zou achttien graden moeten zijn, maar zo voelt het niet. Nee, de thermostaat geeft aan dat het vijftien graden is. Heeft ze de thermostaat dan teruggezet voor ze wegging? Dat doet ze alleen als ze lang wegblijft. Steeds opwarmen kost meer energie dan een bepaalde temperatuur een poosje vasthouden.

Ze draait aan de thermostaat. Die staat op achttien graden. Dan heeft de cv-ketel weer eens storing. Het wordt tijd dat de woningbouw daar eens serieus naar kijkt, want ze moet de ketel steeds vaker een reset geven. Op de overloop op de eerste verdieping trekt ze het luik met de vlizotrap naar beneden en klimt naar boven. Ze drukt de resetknop in. Na een paar seconden hoort ze dat de ketel aanslaat. Nu zal het snel opwarmen in huis.

Beneden trekt ze de gordijnen dicht. Vreselijk vindt ze het om als het donker is in het zwarte gat te kijken dat het raam dan is. Ze pakt de tassen uit, en ineens heeft ze geen plezier meer in de gekochte spulletjes. Waar doet ze het voor? Alleen voor zichzelf. Het is de moeite amper waard. Nu zet ze alles neer, en over twee weken haalt ze alles weer weg. Zinloos gebeuren. Ze gaat maar even gamen. Ontsnappen aan het trieste gevoel dat haar overvalt.

Ineens ziet ze haar telefoon bij de computer liggen. Ze heeft helemaal niet gemerkt dat ze die niet bij zich had vanmiddag. Ach, zoveel berichtjes krijgt ze niet, dus een ramp is het niet. Aan het knipperende lampje ziet ze dat ze nu minstens één bericht heeft. Ze ontgrendelt het toestel. Een berichtje van

Corné, dat al een paar uur geleden verstuurd is. Of ze zin heeft tweede kerstdag bij hem te komen. Ach ja, waarom ook niet? Het is weer eens wat anders dan alleen te zitten. Ze typt een antwoord. Misschien is het toch wel leuk de gekochte spulletjes neer te zetten. Op tafel laten liggen is sowieso geen optie. Zorgvuldig versiert ze het kleine boompje. Toch wel leuk, vindt ze tevreden als ze met de handen in haar zij het resultaat bekijkt. Het ziet er gezellig uit. Haar humeur is met sprongen vooruitgegaan.

Naarmate de kerstdagen dichterbij komen, ziet ze steeds meer tegen tweede kerstdag op. Was het niet raar om het voorstel van Corné te accepteren? Op zo'n dag vraag je toch alleen mensen die iets bijzonders voor je betekenen? Familie en heel goede vrienden. Ze had er verstandiger aan gedaan om het af te wimpelen, toch zegt ze het niet alsnog af.

13

'Die is weg,' zegt Jantine hardop. Ze kijkt door het raam de auto na. Ze schudt haar hoofd als ze de slordig gekrabde ruiten ziet. Karel heeft zich er weer met een jantje-van-leiden afgemaakt. Hij kon vanochtend haast zijn bed niet uit komen. Zijn rug deed pijn en zijn voet en zijn knieën ook en zijn vingers en hij was nog zo moe. Hij moet een schop onder zijn kont hebben, had ze voor de zoveelste keer gedacht. Moe van wat? De feestdagen mocht zij lopen en draven, en hij hing meestal in zijn stoel. Als hij nu een ongeluk krijgt, is het zijn eigen schuld. Ze zou het helemaal niet erg vinden als hij een poosje in het ziekenhuis zou moeten blijven, denkt ze. Dan is ze tenminste een poosje verlost van het geklaag.

Ze slaat verschrikt haar hand voor haar mond. Wat denkt ze nu voor vreselijke dingen? Natuurlijk gunt ze Karel geen ongeluk. Ze denkt ook heus niet dat er niets aan de hand is. Ze denkt alleen dat hij er te makkelijk aan toegeeft. Wat dat betreft zijn vrouwen vaak veel flinker, peinst ze. Met kerst heeft ze zelf ook doorgelopen, terwijl ze tweede kerstdag opstond met schele hoofdpijn. Een paar paracetamols en gaan met die banaan.

Ze laat zich op een keukenstoel zakken. Hoe komt ze op deze gedachten! Toch trekt het idee om een poosje zonder Karel te zijn haar enorm aan. Speelde ze een poosje terug al niet met de gedachte om eens een paar dagen in haar eentje weg te gaan? Een keer haar eigen zin doen en haar eigen plan trekken, zonder het gezeur van 'zo moe' en 'moet het echt?' en 'ga jij maar, ik vind het niet erg als je zonder mij gaat'. Nou, toevallig vindt zij het meestal wel erg om zonder hem te gaan. Wat was het toentertijd fijn om toen de kinderen groter werden, gaandeweg wat makkelijker weer samen dingen te ondernemen. Hoe vaak hebben ze niet tegen elkaar gezegd hoe ze ervan genoten om niet alleen met de kinderen van alles te ondernemen, maar ook weer met elkaar. Dat laatste zou in de toekomst steeds makkelijker worden als de kinderen groter werden en het huis uit gingen. En nu is het zover en doen ze amper meer wat samen. Zo kunnen ze net zo goed uit elkaar gaan, draaft ze in gedachten door. Snapt hij niet dat ze hem mist? Zij snapt in elk geval niet dat hij blijkbaar niet bereid is te investeren in zichzelf en in hun relatie.

Als hij nu wat flinker was, dan zou hij een heel stuk fitter kunnen zijn, daar is ze van overtuigd. Klagen is makkelijk, maar als je er niets aan wilt doen, dan heb je geen recht om te klagen, is haar stelregel. Alles wat ze tegenwoordig voorstelt, kapt hij af. Geen wandelingen meer, even naar de Ikea is al te veel moeite, want dat is te veel geslenter in de drukte, laat staan een ochtendje gezellig winkelen en ergens lunchen. Ze zijn al in geen tijden bij Jan en Elly geweest. Misschien moet ze gewoon iets met hen afspreken en Karel voor een voldongen feit zetten.

Ze kijkt door het keukenraam naar buiten. Een paar koolmeesjes doen zich tegoed aan de vetbollen die ze opgehangen heeft. Intussen maakt ze een plan. Ze gaat Elly zo appen en iets afspreken, neemt ze zich voor. Als Karel niet wil, dan pakt ze zelf de auto, en als ze zich daar niet dapper genoeg voor voelt, dan kan ze altijd nog met de trein. Ze herinnert zich de herfstdag van een paar maanden geleden toen Jan en Elly in Nijverdal op vakantie waren en ze toen hetzelfde bedacht. Toen wist ze dat ze niet zou gaan als Karel af zou haken, nu weet ze dat ze wel gaat, ook al gaat Karel niet mee. Ze moet er even uit, anders klapt ze uit elkaar van frustratie. Tante Gien zei ook al dat ze op zichzelf moest passen. Ze had tante Gien natuurlijk niet lastiggevallen met hun problemen, toch voelde die lieverd feilloos aan dat het niet goed ging. 'Denk aan jezelf.' Dat zei ze ook nog. Daniëlle zei met kerst precies hetzelfde. Ze had er een beetje kriegel op gereageerd. Hoe moet je aan jezelf denken als de ander alle aandacht vraagt?

Hé, is dat een sneeuwvlok of lijkt dat maar zo? Het kan ook een veertje zijn. Ze kan beter het bed gaan opmaken in plaats van hier de dag te verdromen. Nou ja, verdromen, het zijn geen leuke dromen.

Ze maakt het bed op, zet de wasmachine aan en poetst de badkamer. Als ze daarna een kop koffie voor zichzelf maakt, kijkt ze pas weer bewust naar buiten. Het is zeker toch een sneeuwvlokje geweest. En het vlokje kwam niet alleen, maar werd gevolgd door duizenden broertjes en zusjes. Het vormt een dun laagje op de tegels in de tuin, en de planten en bomen zijn voorzien van een wit waasje. De straat vertoont bandensporen. Op de stoep huppelt een kleuter naast zijn moeder. Hij steekt zijn armen omhoog alsof hij de sneeuw met bakken uit de lucht wil scheppen. Steeds kijkt ze naar buiten. De sneeuwvlokken, die eerst klein en miezerig waren, veranderen langzaam in grote, wollige watten die de wereld omtoveren tot een sprookjeslandschap. Halverwege de middag ligt er zeker een centimeter of zes. Volgens buienradar blijft het hier ook nog wel even sneeuwen en zal de temperatuur morgen ook nog niet boven het vriespunt uit komen.

De buitenwereld lokt en ze weerstaat die lokroep niet. Natuurlijk moet ze nu even naar buiten. Dat er nog een bult strijkgoed ligt, kan haar niets schelen. Met haar warme snowboots en dikke winterjas aan stapt ze naar buiten. In de tuin spreidt ze haar armen uit en heft ze haar gezicht omhoog. Sneeuwvlokken landen op haar neus, haar ogen, haar mond, als zachte, koele kussen. Ze steekt haar tong uit en vangt de vlokken, zoals ze als kind al deed. Om haar heen ligt de tuin er ongerept bij. Achter haar is het enkele spoor van haar voeten. Het symboliseert hoe ze zich voelt. Alleen in een wereld waar niemand zijn sporen nalaat, omdat er niemand is die er sporen na wil laten. Ze kan terug naar het warme, koesterende huis. Terug naar zoals het was, maar de voetstappen naar het kijkje in deze wereld wist ze er niet mee uit.

Nooit heeft ze zich eenzaam gevoeld. Nooit heeft ze goed kunnen begrijpen hoe iemand zich binnen een huwelijk gruwelijk alleen kan voelen. Nu krijgt ze er iets van mee. Dat doet pijn. Veel pijn zelfs. Het rare is dat haar kinderen daardoor ook verder weg lijken. Alsof de band met hen slapper wordt. Daniëlle, die zegt dat ze rustiger aan moet doen, maar intussen wel verwacht dat zij degene is die alle touwtjes in handen houdt. Sabine, die wat kribbig reageerde toen ze verzuchtte dat Karel bijna nergens meer toe te bewegen is. Ze weet het ook wel. Een kind, al is het volwassen, wil dat niet horen over haar vader. Maar haar wereldje wordt zo klein. Voorheen ging ze nog weleens ergens op de koffie of met iemand de stad in, maar daar is niets van over.

'Je kunt ze bellen,' fluistert een stemmetje. Ze doet het niet. Over een poosje misschien, als ze zich evenwichtiger voelt. Ze huivert. Ze lijkt wel gek om hier zo in de sneeuw te blijven staan tot ze verandert in een sneeuwpop. De kleinkinderen zouden dat wel leuk vinden, schiet het door haar heen. Zelfs Matt is gek op de Disneyfilms van *Frozen*. Olaf, de maffe sneeuwpop, is zijn absolute favoriet.

Ze slaat de sneeuw zo goed mogelijk van zich af en stampt haar voeten schoon voor ze naar binnen gaat. Ze rilt. Door het lange stilstaan heeft ze het koud gekregen. Weet je wat? Ze trakteert zichzelf op warme chocolademelk met slagroom. Dat past echt bij dit weer.

Terwijl de melk langzaam aan de kook komt, checkt ze buienradar nog eens. Zo te zien blijft het hier in het oosten inderdaad voorlopig nog sneeuwen. Ze glimlacht. Na schooltijd zullen er wel allerlei sneeuwfoto's in de familieapp verschijnen van Matt en Jess. Roos en Jade hebben pech, rond Gouda valt hooguit wat natte sneeuw.

Net op tijd draait ze het gas uit. De melk kookt net niet over, gelukkig. Die kliederboel kan ze missen als kiespijn.

Staand voor het raam en kijkend naar de wereld die met een steeds dikkere, smetteloze deken toegedekt wordt, geniet ze van haar chocolademelk, die veel te snel op is. Pas als ze de beker op het aanrecht zet, denkt ze aan Karel. Hij moet door de sneeuw naar huis. Hopelijk kunnen ze de wegen een beetje sneeuwvrij houden.

Maar nee, al snel wordt duidelijk dat er een chaos heerst op de wegen in de gebieden waar een flink pak sneeuw valt. De strooiwagens en sneeuwschuivers zijn te laat de weg op gegaan om de wegen behoorlijk schoon te houden. Het blijkt dat de weermannen er behoorlijk naast hebben gezeten met hun voorspellingen. De sneeuw werd veel oostelijker, diep in Duitsland verwacht en pas later op de dag. De strooiploegen zijn overhaast de weg op gestuurd, maar liepen vanaf het begin achter de feiten aan.

Het verbaast haar dan ook niet als Karel belt.

'Zit je vast?' vraagt ze.

'We rijden,' is het antwoord. 'Stapvoets over de snelweg, wel te verstaan. Dit gaat nog wel even duren,' klinkt het mat.

'Hè, wat vervelend,' leeft ze mee. Het is niet gespeeld. Dit soort situaties zijn altijd naar. 'Het is ook nog zo vroeg donker, dat maakt het ook niet leuker. Sterkte, hoor.'

'Dank je.'

'Ik heb hutspot gemaakt, daar houd je zo van. Dan heb je iets om naar uit te kijken,' zegt ze.

'Lekker,' zegt hij. 'Wacht niet op mij, hoor, ga maar vast eten, want volgens de navigatie ben ik er pas rond halfacht en waarschijnlijk later, want de files worden alleen maar langer.'

'Ik kijk wel,' zegt ze.

Ze vindt het vervelend om alleen te eten en later Karel alleen te zien eten. Veel liever wacht ze tot hij ook thuis is. Vroeger toen de kinderen nog klein waren, kon ze om hen niet wachten met eten, maar nu doet ze het meestal wel als Karel een enkele keer later is. Ze laat de radio op de nieuwszender staan. Het verkeer op de A1 staat muurvast vanwege een ongeluk met twee vrachtwagens die tegen elkaar aan gegleden zijn, hoort ze. Hopelijk is Karel dat stuk al voorbij, maar een telefoontje leert dat hij wel degelijk in die file staat. Ze moet blijkbaar echt alleen eten vandaag.

Ze schept wat op een bord en vist een speklapje uit de juspan. Als ze aan het eten is, merkt ze dat ze toch flinke trek heeft en ze schept nog een portie op. Karel zal ook wel wat lusten. Hopelijk heeft hij nog wat van die ontbijtkoekrepen in de auto liggen, want van trek word je niet alerter en dat moet je wel zijn achter het stuur, zeker met dit weer.

Het wachten duurt lang. Om halfacht is Karel er niet. Om vijf over halfacht niet en ook om kwart voor acht is de parkeerplaats voor het huis nog steeds leeg. Nu duurt het toch wel erg lang. De klok kruipt tergend langzaam naar acht uur toe. Zou er iets gebeurd zijn? Karel belt altijd als hij later is. Nee, geen berichten of gemiste oproepen op haar telefoon. Ze drukt op de toetsen om Karel te bellen, maar ze hoort niets. Nu pas ziet ze dat haar telefoon geen bereik heeft. Zowel via de Wifi als via de mobiele gegevens lukt het niet verbinding te maken. Wat raar. Zou er storing zijn? Ze start de computer op, maar ook die krijgt geen verbinden met internet. Ze realiseert zich dat ze na het telefoontje van Karel helemaal geen berichten binnen heeft gekregen. Ook de verwachte sneeuwfoto's van Matt en Jess zijn uitgebleven. Ze start haar telefoon opnieuw op. Misschien helpt het. Het is tevergeefs. Er zit niets anders op dan te wachten tot Karel thuiskomt. Of tot er agenten komen met een onheilsboodschap…

Ze draait de verwarming hoger om de kou te weren die bezit van haar wil nemen. Het is nog maar een halve dag geleden dat ze dacht dat het wel fijn zou zijn als ze een poosje van Karel af was als hij in het ziekenhuis zou liggen. Ze schaamt zich nog meer dan vanochtend voor die gedachte. Vreselijk, wat heeft ze hem daarmee toegewenst? Als er iets gebeurd is, is het haar schuld. Zij heeft het dan over hem afgeroepen.

Met de nutteloze mobiel in haar hand staat ze voor het

raam en kijkt de witte straat in waarover de donkerte zich uitgespreid heeft. Het is vrijwel uitgestorven buiten. Een enkele keer draait er een auto de straat in, maar het is nooit de auto van Karel. Zo lang is het nog niet geleden dat er geen mobiele telefoons waren en je maar domweg moest wachten wanneer je geliefde thuiskwam. Hoe snel is zij, en de hele maatschappij, eraan gewend geraakt dat iedereen nu en meteen bereikbaar is, moet zijn zelfs.

Het is negen uur geweest als Karels auto eindelijk de straat in rijdt.

'Dank U,' zucht ze. Ze draait het gas onder de hutspot aan en haast zich de deur te openen.

'Daar ben ik,' zegt Karel overbodig als hij met zijn aktetas het tuinpad op sloft. Zijn voetstappen maken inbreuk op de ongereptheid van de sneeuw. Zodra hij binnen is en zijn tas neergezet heeft, slaat ze haar armen om hem heen. Hij drukt haar tegen zich aan en legt zijn hoofd op het hare. Zo blijven ze staan. Ieder met zijn eigen gedachten.

Tot ze tegelijk de stank van verbrande hutspot ruiken.

Het duizelt hem als Jantine zich losrukt uit zijn armen.

'De hutspot,' gilt ze.

Hij wankelt en zoekt steun tegen de muur. Hij is thuis. Eindelijk. Uren en uren heeft hij erover gedaan. De sneeuw en het donker maakten het extra inspannend. Daarbij kon hij Jantine ook niet meer bereiken. Gelukkig hoorde hij op het nieuws dat er een grote storing was bij de provider, dus dat was een zorg minder.

Hij laat zich op de trap zakken en wurmt zijn schoenen uit. Zijn voeten zijn van ijs. Ontdooiend ijs, want ze beginnen pijnlijk te tintelen.

'Ik heb nog precies een portie hutspot voor je kunnen redden,' zegt Jantine terwijl ze gang in loopt.

'Lekker,' zegt hij automatisch. Het liefst zou hij op de trap blijven zitten.

'Gaat het wel?' Bezorgd buigt Jantine zich naar hem over.

'Moe, koud, trek,' mompelt hij. 'Ik ben kapot.'

'Kom.' Ze trekt hem overeind. 'Eerst eten, daar knap je van op.'

In de kamer is het warm en de hutspot verwarmt hem van binnenuit, en toch houdt hij het gevoel dat hij het koud heeft. Hij is te moe om warm te worden, bedenkt hij vaag.

Met moeite werkt hij zijn eten naar binnen. Het liefst zou hij zijn hoofd op tafel leggen en de tijd voorbij laten gaan. Jantine praat tegen hem. Het zijn woorden die geen verhaal willen worden. Ze heeft zich druk gemaakt of zo. Hij wordt er geen wijs uit.

Zijn lepel klettert in zijn bord. 'Sorry,' stamelt hij. 'Ik moet naar bed.'

Vaag merkt hij dat Jantine met hem mee naar boven loopt. Hoe hij in bed gekomen is, weet hij zich de volgende ochtend niet te herinneren als de wekker hem schel wakker piept.

Verward tast hij om zich heen. Eindelijk vinden zijn handen de wekker en zijn vingers het knopje om het alarm het zwijgen op te leggen. Eigenlijk zou hij nu moeten opstaan. Rechtop gaan zitten, zijn bril opzetten, zijn voeten in de pantoffels schuiven die voor het bed staan.

'Ik ben ziek,' mompelt hij terwijl zijn ogen dichtzakken.

'Karel, wakker worden! Toe nou. Karel!'

Langzaam wordt hij zich ervan bewust dat Jantine steeds harder tegen hem praat. Ze schudt aan zijn schouder. Dat doet pijn.

Ze legt haar hand op zijn voorhoofd.

'Lekker koel,' fluistert hij en hij hoopt dat ze haar hand daar houdt.

Ze schudt haar hoofd. 'Ik ben niet koel, jij bent een oven, je gloeit helemaal. Ik pak de thermometer.'

Hij heeft gisteren waarschijnlijk een flinke kou opgelopen tijdens de uren in de auto, bedenkt hij.

Jantine komt terug met de oorthermometer. 'Achtendertig zeven,' constateert ze. 'Ik haal wat te drinken voor je en paracetamol. Wil je ook wat eten?'

'Ik wil niets,' kreunt hij.

'Je moet drinken.'

Hij kan er niets tegen inbrengen, want ze loopt meteen de kamer uit. Hij heeft er de energie ook niet voor. Zijn ademhaling gaat raspend en hij heeft het benauwd.

De verkoudheid mondt uit in een stevige griep, waar zowel prednison als antibiotica aan te pas moet komen om die te onderdrukken. Als hij eindelijk wat opknapt, is hij zo slap als een vaatdoek. Alles is hem te veel. Het hoort erbij, volgens de huisarts, zeker voor iemand zoals hij met sarcoïdose en alleen daardoor al een verminderde weerstand. Af en toe bellen ze van zijn werk met een vraag of over een probleem waar ze zelf niet uit komen. Hij logt vanaf huis in op het internet van het werk en helpt zo goed mogelijk. Hij ziet dan ook hoe zijn mailbox volstroomt met mails. Hij heeft de puf niet om ernaar te kijken. Het hoeft ook niet, want hij is ziek. Vroeger deed hij het wel. Toen was hij maar zelden ziek trouwens. Zodra hij dan wat opknapte, ging hij vanuit huis aan de slag. Hij kan zich er nu niet toe zetten. Tot niets overigens.

Hij merkt best dat dat Jantine frustreert. Hij ziet ook dat ze moe is. 's Nachts ligt ze vaak te woelen en overdag ziet ze bleek en ze heeft donkere kringen onder haar ogen. Verder heeft hij het idee dat ze hem wat ontwijkt. Ze komt niet meer met de koffie bij hem zitten, maar blijft aan de tafel de krant lezen. Hij kan er de vinger niet op leggen, maar het gevoel dat er een afstand tussen hen ontstaat, wordt steeds sterker. Het gebeurt gewoon en hij kan het niet tegenhouden.

Een huwelijk is hard werken, gaat het door hem heen. Dat gelooft hij best, hij is het ermee eens ook, maar moet er niet van twee kanten hard voor gewerkt worden? Kan het ook niet zijn dat, zoals nu het geval is, er maar één werkt tot de ander weer in staat is om zijn of haar steentje bij te dragen? Hij kijkt naar haar zoals ze bij de tafel zit. De zon, die vrolijk naar binnen schijnt en iets van het voorjaar belooft, tovert een zilveren glans in haar haar. Ze is wat molliger geworden en wat ouder in haar gezicht, maar voor de rest is ze nog dezelfde mooie vrouw als toen hij haar voor het eerst ontmoette. Hij kan van zichzelf niet zeggen dat hij weliswaar wat ouder is geworden, maar verder nog dezelfde is als toen.

'Je bent niets veranderd,' flapt hij eruit.

'Wat zeg je?' Het gebloemde kopje dat Jantine in haar hand heeft, blijft hangen tussen de tafel en haar mond.

'Dat je nog hetzelfde bent als toen ik je voor het eerst ontmoette.'

'Nou ja!' vindt ze. 'Dat ben ik niet met je eens, hoor. Ik weet niet eens of ik dat wel een compliment vind,' voegt ze er peinzend aan toe.

Hij geeft geen antwoord. Waarom doet Jantine tegenwoordig overal moeilijk over? Het is toch een compliment, of niet dan? Waarom zou het geen compliment zijn?

'Zit toch niet zo te zuchten, man,' valt Jantine ineens vinnig uit.

'Zucht ik?' vraagt hij verbaasd.

'Alsof de wereld om je heen vergaat.' Ze vouwt met precieze bewegingen de krant op, staat op en schuift haar stoel keurig onder de tafel. Zonder iets te zeggen loopt ze de kamer uit. Alleen aan het kraken van de derde traptree hoort hij dat ze naar boven gaat.

Bewust haalt hij diep adem en slaakt een zucht, die uit zijn tenen komt.

14

Corné schrikt op als zijn telefoon laat weten dat er een bericht binnenkomt. Spijtig kijkt hij naar het bouwpakkethuisje waarop hij een piepklein ornamentje aan wilde brengen. Door zijn onverwachte beweging is dat van de pincet geschoten en nergens meer te zien. Hij pakt de telefoon en leest het binnengekomen bericht. Het is van Karel. Het kost hem een moment om Karel te plaatsen. Dan weet hij het weer. Karel is ook lid van de sarcoïdosevereniging. Eind vorig jaar hebben ze een heel gesprek gehad bij Tante Toos onder het genot van koffie en appeltaart. Daarna heeft hij niets meer van hem gehoord.

Of het hem uitkomt om weer eens iets af te spreken. Hij wil graag praten. Corné typt terug dat dat uiteraard prima is en dat Karel maar een voorstel moet doen. Dat hij ook weleens met iemand zou willen praten over wat hem bezighoudt, zegt hij niet. Karel is daar niet de aangewezen persoon voor, maar wie wel? Hij heeft geprobeerd het er met zijn ouders over te hebben, maar die hadden hun schouders opgehaald en gezegd dat ze er geen verstand van hadden. 'Wel een mening?' had hij gepolst. Nee, dat hadden ze ook niet. Hij vermoedt dat ze het aan de ene kant fijn zouden vinden als hij een relatie zou hebben, maar aan de andere kant zijn dilemma ook goed begrijpen en daarom geen stelling willen nemen of hun mening willen geven. Zijn zus was stelliger. Wat hij deed, moest hij natuurlijk zelf weten, maar als zij in zijn situatie verkeerde, dan zou ze het wel weten. Dan zou ze ervoor gaan. Wat heeft hij te verliezen?

Terwijl zijn gedachten doorgaan, speurt hij het tafeloppervlak af naar het verdwenen ornamentje. Het lijkt spoorloos verdwenen. Hij laat zich op zijn knieën zakken. Misschien is het op de grond gevallen.

Cynthia heeft makkelijk praten. Zij heeft een fijn huwelijk, dat is aan alles te merken. Natuurlijk maken zij ook weleens stormen mee, dat gebeurt nu eenmaal in een relatie, maar om nu willens en wetens een ontketende storm mee te nemen… Nee, dat zou ze moeten afraden, toch?

Verstandelijk was hij het op zich wel met zijn zus eens. Hij kan het altijd proberen. Maar is het eerlijk tegenover de ander? De sarco is nu rustig, maar zijn vermoeidheid wordt niet minder. Volgens de arts moet hij met die beperktere energie leren leven, alsof hij een bejaarde is in plaats van een man die in de kracht van zijn leven zou moeten zijn. Mag hij dat een ander aandoen? Er is altijd een kans dat de sarcoïdose opvlamt of zich in andere organen manifesteert dan de longen. Mag hij Martien daarmee belasten? Wil hij Martien daarmee belasten?

Op de grond liggen wat kruimels, maar het ornamentje vindt hij niet. Besluiteloos kijkt hij naar het bouwpakket. Misschien kan hij beter stoppen.

Wacht!

Hij buigt zich over het huisje. Geen wonder dat het ornamentje onvindbaar was. Het zit vastgeplakt aan het huisje. Zomaar en precies op de plaats waar het moest komen. Zouden puzzelstukjes vaker zomaar precies op de goede plaats vallen? Hij was met zijn pincet al wel een eind in de goede richting. Toen zijn hand uitschoot omdat hij schrok, moet hij precies dat laatste stukje overbrugd hebben. Hij heeft het gevoel dat er een levensles in zit, maar hij weet niet precies welke en al helemaal niet wat het hem te zeggen heeft. Dat alles vanzelf goed komt? Dat kan hij zich niet goed voorstellen.

'Gewoon mazzel gehad,' grinnikt hij ineens. Dat is in elk geval een feit, vindt hij. Hij is vergeten dat hij overwoog om te stoppen. Geconcentreerd lijmt hij het huisje tot op de laatste details in elkaar. Tevreden kijkt hij naar het eindresultaat. Zijn treinbaan is een meerjarenproject. Dat zijn treinbanen vrijwel altijd, en echt klaar is het zelden, want altijd borrelen er nieuwe ideeën en inzichten op. Hij zet het huisje aan de kant om het goed te laten drogen voor hij het in het landschap van de treinbaan integreert. Daarna ruimt hij de gebruikte spullen op en wast zijn handen. Hoe zorgvuldig hij ook met de lijm is, altijd heeft hij wel iets aan zijn handen.

Twee dagen later parkeert Corné zijn auto op de parkeerplaats van Tante Toos, hetzelfde restaurant als waar hij de eerste keer met Karel afgesproken heeft. Hij moet twee keer kijken voor hij Karel, die zijn hand naar hem opstak zodra hij binnenkwam, herkent. Karel was al geen stevige man, maar nu is hij ronduit mager. Mager en bleek. Alsof hij flink ziek is geweest. Zou de sarco opgelaaid zijn?

'Hoe gaat het?' vraagt hij zodra hij Karel begroet heeft en op de stoel tegenover hem plaatsgenomen heeft.

'De griep heeft me flink te pakken gehad,' vertelt Karel. 'Ik was heel bang dat de sarcoïdose daar ook mee te maken had. In die zin dat het erger is geworden. Opvlamt.'

Corné knikt om Karel aan te moedigen door te praten, en dat doet hij.

'Ik weet het gewoon niet meer,' eindigt hij. 'Waar doe ik goed aan? Ik heb het gevoel op mijn tenen te lopen en het is alsof ik het nooit goed doe, alsof ik me aanstel.'

'Ja, dat horen we vaker van patiënten,' reageert Corné. 'Het vervelende is dat het meestal niet te zien is aan de buitenkant dat we ziek zijn. Een rolstoel is duidelijk en een blindenstok ook. Maar jij weet hoe je je voelt en daarin moet je trouw zijn aan jezelf.'

'Dat is zo moeilijk,' zucht Karel. 'Er is geen ruimte om dat te doen. Op het werk is het druk. Ze zeggen wel dat ik aan mezelf moet denken, maar intussen stapelt het werk zich op. Als ik thuiskom, ben ik bekaf. Dat is niet leuk voor Jantine, dat begrijp ik ook wel. Maar wat moet ik? Ik kan de boel toch niet de boel laten?'

'Nee, niet zomaar,' is Corné het met hem eens. 'Dat is niet constructief. Heb je er al met je leidinggevende over gesproken?'

'Ik heb het wel aangegeven,' zucht Karel. 'Maar dat hielp niets.'

Corné denkt even na. 'Ik moet zeggen dat ik zelf een enorm fijne werkgever heb en er veel flexibiliteit is om mijn uren naar eigen inzicht in te vullen. Ik zou zeggen, vraag nog eens een gesprek aan met je leidinggevende. Geef duidelijk aan waar de pijnpunten liggen en wat jij als mogelijkheden en onmogelijkheden ziet. Een herkeuring bij de bedrijfsarts aanvragen is ook een optie. Misschien moet je minder uren maken of zijn er andere aanpassingen nodig. Je werkt om te leven, niet andersom.'

Karel knikt. 'Dat zou eventueel een optie kunnen zijn. Weet je, ik bikkelde altijd maar door. Ik was sowieso maar zelden ziek, maar als ik een keer de griep had, dan stopte ik me vol met paracetamol en ging gewoon door. Als ik dan twee dagen thuis was, was het veel.'

'Dat gaat nu niet meer,' zegt Corné.

'Bij lange na niet. Ik heb laatst de griep gehad. Ik was gevloerd en nog steeds heb ik het idee dat ik niet op krachten ben.' Karel haalt moedeloos zijn schouders op. 'Nu heeft Jantine nog minder aan me dan ze al had.'

Corné aarzelt. Hij haalt adem, maar zegt het toch niet. Karel kijkt hem afwachtend aan. 'Zeg het maar,' zegt hij als Corné blijft zwijgen.

'Het is niet aan mij om je iets op te leggen,' zegt Corné eindelijk. 'Dat wil ik ook niet doen, maar kijk alsjeblieft goed naar je leven. Wat is het belangrijkste? Je werk of je gezin? Chronische ziekte trekt niet alleen een zware wissel op jezelf, maar ook op een partner en op het hele gezin. Jij moet accepteren dat je ziek bent en ermee om leren gaan, maar Jantine en de kinderen moeten er ook mee dealen. Dat moet je goed beseffen. Er gaan huwelijken om minder kapot...' Hij zwijgt. Heeft hij te veel gezegd? Is hij te direct geweest?

Het blijft een tijdje stil. Karel bijt op zijn lip.

'Ik bedoelde het niet als kritiek,' zegt Corné wat hulpeloos als Karel niets zegt.

'Nee. Nee, dat weet ik,' zegt Karel dan traag. 'Als je het niet erg vindt, dan ga ik. Ik moet nadenken.' Karel trekt een briefje van tien uit zijn portemonnee, legt het op tafel en loopt zonder omkijken weg, terwijl hij groetend zijn hand opsteekt.

Corné staart naar het briefje van tien. Het is te veel voor twee koppen koffie. Werktuigelijk knikt hij als de serveerster vraagt of hij nog een koffie wil. Hij hoort zijn eigen woorden als een echo in zijn hoofd. 'Chronische ziekte trekt een zware wissel op je partner.' Is dat niet tegelijk een antwoord op zijn eigen dilemma?

'Ben jij gek!' roept Cynthia als hij later het gesprek bijna woordelijk aan haar overbrengt. 'Je kunt je leven toch niet stilzetten? Alsof liefde daarnaar luistert.' Ze begeleidt haar woorden met dramatische armgebaren.

'Ik zet mijn leven toch niet stil,' protesteert hij. 'Ik heb jullie nog en pa en ma en mijn hobby's.'

'Ha, oom Corné, je bent verlieeeefd,' joelt Cindy, die het gesprek blijkbaar gevolgd heeft ondanks de oortjes die ze in heeft terwijl ze YouTubefilmpjes kijkt en intussen chat met minstens twee vriendinnen. 'Je bloost. Mam, hij bloost.'

'Niet, het is gewoon warm hier,' mompelt Corné.

'Smoesjes,' roept Cindy. 'Wanneer...'

Cynthia trekt haar broer met een vaartje mee naar de keuken. 'Als ik iets vraag, hoort ze het natuurlijk nooit met oortjes in, maar nu...' Ze leunt tegen het aanrecht.

Corné gaat op de keukentafel zitten. 'Wat een kind,' zucht hij.

'Even serieus,' zegt Cynthia. 'Als er iets moois op je pad

is gekomen, geef het dan op z'n minst een kans. Jij hoeft trouwens niet voor haar te beslissen. Ik neem aan dat ze dat heel goed zelf kan.'

Van dat laatste is Corné niet helemaal overtuigd. Of eigenlijk ook wel, maar er zijn tegenwoordig zoveel 'waaroms' die het leven lastig maken. En dan te bedenken dat er zoveel meer leed is in de wereld, vaak heftiger dan het zijne.

'Ik zie wel,' belooft hij vaag.

'Geef het een kans,' herhaalt Cynthia. 'Overal is wat, dat weet je best.' Ze hoeft niet te zeggen dat ze nu denkt aan haar eigen huwelijk. Haar man BartJan wordt genegeerd door zijn eigen familie, omdat hij niet in het familiebedrijf wilde. Ze denken dat hij neerkijkt op het vak van loodgieter en vinden dat hij door zijn andere beroepskeuze het gezin in de steek heeft gelaten. Nu is er geen zoon om het bedrijf voort te zetten, geen derde generatie loodgieters. In het begin van hun trouwen was er nog wel contact, maar alles werd doorspekt met steken onder water. Toen het steeds duidelijker werd dat BartJan in de houtbewerking zijn draai helemaal gevonden had en niet op zijn beslissing terug zou komen, werden zijn ouders steeds terughoudender. Ze kwamen steeds minder, tot ze tenslotte helemaal niet meer kwamen en steeds zeiden niet thuis te zijn als zij langs wilden komen. Het doet hun verdriet en ze begrijpen het ook niet goed dat zijn ouders er zo in kunnen staan. Ze hadden gehoopt dat een open houding van hun kant en de factor tijd iets goeds zou kunnen doen. Het tegendeel is het geval. Toen haar schoonmoeder overleed, hoorden ze het zelfs pas na de begrafenis. Dat was een bizarre en intens verdrietige gewaarwording, dat herinnert Corné zich nog goed. Waar Cynthia en BartJan het ook moeilijk mee hebben, is de wetenschap dat het contact met zijn moeder nooit hersteld zal kunnen worden. De dood is definitief. Niet dat ze zichzelf iets kwalijk kunnen nemen, want zij werden uitgesloten. Ze konden niets doen om het tegen te gaan. Behalve loodgieter worden en het bedrijf overnemen.

Wat ze nog steeds een absurde eis vonden, zodat ze niet het gevoel hebben zelf kansen te hebben laten liggen. En toch knaagt het, weet hij. Toch hebben Cynthia en BartJan nog steeds gesprekken met elkaar waarin ze elkaar erin moeten bevestigen dat ze niets anders hadden kunnen doen. Ook niet als ze zus of zo gedaan hadden. BartJan was samen met zijn vrouw en kinderen afgeschreven, alsof het loodgietersbedrijf niet willen voortzetten iets zei over zijn liefde voor hen.

'Ik ga naar huis. Je hebt me iets gegeven om over na te denken,' zegt hij. Hij realiseert zich onderweg pas dat Karel iets dergelijks zei. Hij is benieuwd waar de denkprocessen hen heen leiden. Ze moeten over verschillende dingen nadenken, maar de bron ervan is dezelfde: de gevolgen van de sarcoïdose in hun leven. Bij beiden lijkt de ziekte tot rust te zijn gekomen, maar bij beiden heeft die zijn sporen nagelaten. Op de röntgenfoto's is bij hem duidelijk te zien dat de longen beschadigd zijn. Er is veel meer wit op te zien dan zou moeten. Dat herstelt zich niet meer. Daar moet hij mee leren leven. Twee trappen op en hij staat te hijgen. Naar de auto hollen omdat het regent, tegen de wind in fietsen of stevig doorlopen, van alles raakt hij buiten adem. Hij kan het niet meer. Hij moet bewust zijn tempo matigen, maar vaak denkt hij daar pas aan als hij lucht tekortkomt. Hij had die trap niet op moeten sprinten... Hij wist dat hij tegenwind zou hebben en had dus eerder van huis moeten gaan...

Karel heeft vermoedelijk ook met deze beperkingen te kampen. En dan 'boffen' ze nog dat ze het allebei 'alleen maar' in hun longen hebben. De nieren, het zenuwstelsel, het hart of de ogen zouden bijvoorbeeld ook aangetast kunnen zijn. Gelukkig bleek uit onderzoek dat dat bij hem niet het geval was. Door zijn contacten binnen de sarcoïdosevereniging kent hij mensen bij wie de ziekte zich wel op die plekken manifesteerde of bij wie verschillende organen en weefsels aangedaan waren, of die het net als hij ook alleen in de longen hebben maar dan veel erger.

'Kijken naar wie het minder heeft, maakt je een tevreden mens,' zei zijn oma van moederskant altijd. Het is misschien niet altijd helemaal waar, maar het relativeert je eigen problemen meestal wel. Het risico ervan is om je eigen problemen daardoor te onderschatten en ze niet serieus genoeg te nemen. Zijn oma is juist daardoor waarschijnlijk te lang doorgelopen met longontsteking.

Oké, deze gedachten zijn niet zo helpend voor zijn probleem. Hij moet bij het begin beginnen. Ook alweer zo'n uitspraak van zijn oma. Punt één, hij is chronisch ziek. De sarcoïdose is weliswaar rustig en kan de rest van zijn leven rustig blijven, maar die garantie is er niet. Hij kan nog bijna alles, maar met mate. Minder grote inspanningen en meer rust. Om bij de uitspraken van zijn oma te blijven: rustig aan, dan breekt het lijntje niet. Dat betekent dat hij heel goed op zichzelf moet letten en een 'bezadigder' leven moet leiden dan een gezond iemand van zijn leeftijd. Alles kost energie, leven, werken, hobby's, sociale contacten, nadenken, beslissingen nemen. Een relatie kost ook energie. Misschien te veel energie. Nu kan hij het evenwicht aardig bewaren, maar dan mogelijk niet meer. Hij hoeft alleen maar naar Karel te kijken.

'Dat kun je niet weten. Jij bent Karel niet,' zegt een stemmetje in zijn hoofd.

Dat is een waarheid als een koe. Niet dat hij er wat mee opschiet. Hij pakt zijn telefoon en belt zijn zus.

'Cynthia, ik kom er niet uit.'

In zijn oor klinkt gelach. 'Ik zat al te wachten op je telefoontje. Ik ken je veel te goed, broertje! Ik heb ook nagedacht en besef dat ik misschien mijn mening te veel wil opdringen, maar mag ik zeggen hoe ik erover denk?'

'Waarom denk je anders dat ik bel?' reageert hij droog.

Ze lacht weer. 'Ga gewoon vriendschappelijk om met die vrouw. Doe je niet beter voor dan je bent. Wees eerlijk, niet alleen in hoe je je fysiek voelt trouwens, maar in alles. Kijk hoe het verder loopt. Misschien zit er sowieso niet meer in dan vriendschap.'

'En als dat wel het geval is...?'

'Dan zal ze je accepteren zoals je bent. Dat zul je andersom ook moeten. Ze zal net als ieder ander mens kanten hebben die niet zo leuk zijn en waar je toch mee moet dealen.'

'Dat klinkt simpel,' zegt hij aarzelend.

'Ja hè?' klinkt het tevreden in zijn oor. 'Zo ben ik, simpele Cynthia.'

Hij lacht mee. Wat zijn zus ook is, simpel in elk geval niet.

'Bel haar nou maar gewoon,' adviseert ze voor ze ophangt.

Hij krijgt de kans niet om antwoord te geven. Het is maar goed ook, vindt hij. Bellen, het is een simpele handeling, dat klopt, maar Martien en hij bellen nooit. Dan is het toch wel een stap, vindt hij. Appen is beter. En moet het meteen? Dat hoeft hij Cynthia niet te vragen. Hoe eerder, hoe beter, zal ze zeggen. En waarom ook niet?

Hij zucht. Het lijkt simpel, het is ook simpel, maar het voelt anders nu hij een besluit heeft genomen.

Heeft hij dat?

Nadenkend vult hij een glas met water en drinkt dat leunend tegen het aanrecht op. Ja, hij heeft een besluit genomen. Namelijk dat hij nog geen besluit neemt. Ook dat is een besluit. Hij schudt lachend zijn hoofd. Wat loopt hij moeilijk te doen. Cynthia heeft wel gelijk. Hij weet niet eens of er meer in zit.

Ineens vallen hem een paar regels in.

Beter gevallen dan nooit gesprongen

En beter de liefde verloren dan nooit liefgehad.

Waar komen die zo opeens vandaan? Beter de liefde verloren dan nooit liefgehad, het klinkt haast als een zin die uit de Bijbel komt, maar hij weet bijna zeker dat dat niet zo is. Waar komt die zin dan vandaan? Hij schuift achter de computer en googelt. De Engelse dichter Lord Tennyson schreef in zijn gedicht *In Memoriam* dat hij in 1849 voltooide: *'Tis better to have loved and lost than never to have loved at all.* 'Beter de liefde gekend en verloren te hebben, dan nooit te hebben liefgehad,' vertaalt hij hardop.

De combinatie met het zinnetje 'Beter gevallen dan nooit gesprongen' vindt hij even later bij de zanger en songwriter Stef Bos in *Het lied van Petrus.* Misschien heeft hij daardoor de associatie met de Bijbel. Of het klinkt gewoon als iets dat in de Bijbel kan staan. Nietsziend staart hij naar het scherm. Petrus, de man die vooropging in het volgen van Jezus. Petrus, de man die Hem tot drie keer toe verloochende. Petrus, de man die visser van mensen werd. Vol overtuiging en moed om tegen de stroom in te zwemmen. Petrus, die man die hem steeds weer zo aanspreekt. Misschien omdat hun karakters zo tegengesteld lijken. Hij is geen Petrus, hij is meer een Thomas. Een twijfelaar. Eerst zien, dan geloven. Thomas kreeg de kans om te zien en dan te geloven. Jezus toonde hem zijn wonden en Thomas' twijfels waren verdwenen. 'Gelukkig zijn wie niet zien en toch geloven,' zei Jezus toen. Natuurlijk slaat dat absoluut niet op zijn situatie. Het bepaalt hem er wel bij dat er heel veel zaken in het leven zijn waarvan je van tevoren niet weet hoe ze uitpakken. Je pakt dingen aan omdat je durft te geloven dat het een goede stap is. Een jaar of vijftien geleden heeft hij gesolliciteerd bij een andere werkgever, toen de sfeer bij zijn toenmalige werkgever zo veranderde door de komst van een nieuwe directeur. Hij werd er tot zijn blijdschap meteen aangenomen. In het begin was alles prachtig en mooi, maar gaandeweg begon hem een en ander op te vallen. Beloften werden niet nagekomen en het was vriendjespolitiek wat de klok sloeg. De ene na de andere werknemer nam ontslag. Hij was van de regen in de drup gekomen. Hij heeft het er dan ook niet lang uitgehouden. Hoopvol was hij begonnen, gedesillusioneerd was hij opnieuw gaan solliciteren. De arbeidsmarkt was nogal krap op dat moment en het kostte hem moeite om te geloven dat het uiteindelijk goed zou komen. Als hij toen geweten had hoe goed hij het in Apeldoorn zou treffen, had hij zich een stuk minder druk gemaakt. Zo gaat het met de meeste dingen in het leven. Je weet van tevoren niet hoe het balletje precies zal rollen, je moet vertrouwen in de toekomst hebben.

Mens, durf te leven.

Ook alweer een zinsnede uit een songtekst, realiseert hij zich. Onder andere gezongen door Ramses Shaffy, als hij zich niet vergist.

Hij voelt zich vreemd, alsof er meer ruimte in zijn borst komt om adem te halen. Hij neemt een diepe teug lucht. Prompt barst hij los in een stevige hoestbui. Nee, hij heeft niet meer lucht en zijn longen zijn nog steeds gevoeliger dan vroeger. De sarcoïdose verdwijnt heus niet zomaar ineens. Zijn hoofd, dat verandert! Hij maakt zich los van het stramien dat hij met het etiket 'chronisch ziek' uitgerangeerd is. Hij zal nooit meer op het niveau van voor zijn ziekte kunnen functioneren, maar hij laat de ziekte zijn leven niet langer afpakken. Hij heeft best een leuk leven en vermaakt zich met gamen en zijn modelspoorbaan, en voor de rest heeft hij zichzelf grotendeels buiten het leven geplaatst, alsof hij melaats is. Of huidvraat heeft, zoals het in de hedendaagse Bijbelvertaling staat. Zijn zus heeft gelijk, Tennyson ook en Stef Bos en Ramses Shaffy ook. Wat heeft hij te verliezen als hij gelooft in een liefdesrelatie? Niets toch? In het ergste geval staat hij met lege handen, net als nu. Hij kan alleen maar winnen. Nou ja, niet helemaal, want de ontluikende vriendschap tussen Martien en hem zou hij niet graag verspelen. Als hij laat merken dat hij openstaat voor meer dan alleen vriendschap en zij staat daar niet voor open, ja, dan is het goed mogelijk dat dat een einde betekent van hun vriendschap.

'Durf te leven,' zegt hij hardop.

Hij pakt zijn telefoon. Zijn vinger aarzelt boven het whatsappicoontje.

15

Chagrijnig drukt Martien de toetsen op het toetsenbord in. Het spel wil helemaal niet en ze heeft geen zin om iets anders te doen. Als het ene spel afgelopen is, begint ze automatisch een volgend spel. Het berichtenscherm negeert ze. Ze kan wel raden wat de inhoud van de berichten is. En ze hebben nog gelijk ook. In deze stemming is ze een waardeloze teamspeler. Ze heeft geen oog voor de andere spelers, noch voor de tegenpartij, noch voor haar medestanders, evenmin let ze op het spelverloop. Ze doet maar wat en wordt daardoor onverbiddelijk snel uitgeschakeld, waarna ze lamlendig wacht tot de game over is en een nieuw spel gestart kan worden. Ze weet niet wat ze heeft. Zulke lamlendige dagen heeft ze maar hoogst zelden. Meestal helpt het om een stevige wandeling te gaan maken, maar zelfs daar kan ze zich niet toe zetten. Zou ze soms ziek worden?

Ineens zet ze met een beslist gebaar de computer uit zonder de moeite te nemen de programma's netjes af te sluiten. Het interesseert haar niets. In haar achterhoofd weet ze wel dat ze zich dat maar wijsmaakt. Ze zou het vreselijk vinden als er iets met de computer of de bestanden erop zou gebeuren door haar eigen onachtzaamheid. Toch start ze de computer niet opnieuw op om te controleren of alles goed is gegaan. Ze ploft ruggelings op de bank en staart omhoog. Ze zit zichzelf flink dwars, concludeert ze. Aan het plafond wiebelen stofdraden heen en weer. Hoelang is het geleden dat ze met de stofzuiger alle spinrag weggehaald heeft? Ze pijnigt haar hersenen, maar kan het niet bedenken. Eigenlijk zou ze nu meteen de stofzuiger moeten pakken en alles langs moeten gaan.

Ze doet het niet.

De telefoon gaat over. Laat maar rinkelen, denkt ze. Als het belangrijk is, spreken ze maar een boodschap in. Ze luistert later wel een keertje. Voor haar gevoel duurt het eindeloos voor de beller ophangt. Ze vouwt haar armen onder haar hoofd en staart weer naar boven. Een spinnetje trotseert de zwaartekracht en wandelt schijnbaar doelloos over het plafond.

Ineens is het donker. Haar nek is stijf en haar arm tintelt. Ze moet in slaap gevallen zijn. Langzaam komt ze overeind. Hoelang heeft ze geslapen? Een flinke poos, dat in elk geval. Ze heeft trek. Het is ook al halfacht. Ze moet toch wel een paar uur getukt hebben. Was ze zo moe dan? Ze was zich er in elk geval niet van bewust.

Haar maag laat duidelijk van zich horen. Gelukkig staat er nog een restje boerenkool in de koelkast. Dat bakt ze op in een koekenpan. Met een sneetje roggebrood en een flinke mok thee vormt het een koningsmaal. Neuriënd ruimt ze even later de tafel af. Het dringt tot haar door dat haar stemming minstens tweehonderd procent beter is dan vanmiddag. Toen zat ze er ook goed doorheen. Gelukkig kan ze in haar eentje zo down doen als ze zelf wil.

Ze besluit nu toch maar de computer op te starten om te controleren of er geen gegevens verdwenen zijn door haar onzorgvuldige afsluiten. Opgelucht constateert ze dat alles nog naar behoren werkt en dat alleen de gegevens van de laatste games die ze speelde niet in de statistieken staan, maar dat is niet erg, die potjes waren toch niet om over naar huis te schrijven en mogen dus best in de vergeethoek raken. Pas als de telefoon weer overgaat, herinnert ze zich de gemiste oproep van een paar uur geleden. Op het display ziet ze dat het Corné is.

Ze neemt de oproep aan. 'Met Martien.'

'Hoi, met Corné, hoe is het?'

Ze piekert er niet over om iets te zeggen over haar stemming van een paar uur geleden. 'Goed, hoor,' zegt ze dan ook met een opgewekte stem. 'En met jou?'

'Ook goed, hoor,' lacht hij.

'Saai,' zeggen ze tegelijk.

'Ik wilde iets aan die saaiheid doen,' zegt hij als ze uitgelachen zijn.

'Nu?' Ze kijkt op de klok.

'Nee, vanavond is niet handig. Voor we ergens zijn...'

'Dat is zo,' stemt ze in. Ze is benieuwd wat hij zal voorstellen.

'Houd je van sushi?'

'Ik ben er gek op.'

'Ga je zaterdag mee sushi eten? Ik weet een heerlijk sushirestaurant.'

Ze aarzelt en mompelt iets van: 'Agenda kijken.'

Sushi eten, dat is heerlijk, maar tegelijk wel iets waarbij je niet zomaar weg bent. Net als met tapas is het toch wel het idee dat je wat langer tafelt.

'Prima,' zegt ze dan zonder verder na te denken. Ze spreken af waar en hoe laat ze elkaar zullen treffen. Als ze de afspraak in haar elektronische agenda noteert, voelt ze een kriebel in haar buik die ze lang niet meer gevoeld heeft en waarvan ze eigenlijk besloten had die nooit meer te voelen. Relaties zuigen je leeg en putten je uit. Je wordt verraden en komt bedrogen uit. Je verliest alles, inclusief jezelf als je niet oplet. Het heeft zo lang geduurd voor ze haar leven weer op de rails had na Rob, haar vertrouwen in vrienden, vriendschap en relaties is zo beschadigd dat ze die besloten heeft te vermijden. Ze wil alleen nog maar openstaan voor kennissen, oppervlakkige vriendschappen, waarin je niets aan elkaar verplicht bent... Ze heeft er al die jaren prima bij gedijd en dat wil ze graag zo houden.

Ja toch?

Zal ze zeggen dat ze zich vergist heeft? Dan stelt hij natuurlijk een andere datum voor. Zaterdag appen dat ze helaas ziek is, zal hetzelfde effect hebben. Er zit niets anders op dan meevaren nu ze in het schuitje gestapt is en hopen dat de plannen van Corné puur vriendschappelijk zijn en dat hij niet meer van haar wil dan dat.

Dat is al veel trouwens. Kennissen heeft ze wel, een paar, maar echte vrienden niet. Haar verstandhouding met haar collega Linette komt nog het dichtste bij een vriendschap. Ze beseft dat haar relatie met Corné ongemerkt de status van vriendschap is gaan naderen en dat hij niet dichterbij mag komen dan nu het geval is. Af en toe afspreken, wat eten of naar de film, dat is oké, maar het moet niet meer worden dan dat. Zaterdag zal ze zich gezellig gedragen, maar wel een zekere afstand bewaren en natuurlijk haar eigen portie betalen. Daarna zal ze langzamerhand wat meer afstand tussen hen moeten proberen te creëren.

Pats!

Een waterglas glipt uit de handen van Jantine als ze het in de vaatwasser wil zetten. Op haar kousenvoeten staat ze tussen de glassplinters. Ze blijft stilstaan. Karel moet haar maar even haar schoenen aangeven als hij op het geluid van brekend glas afkomt.

Het blijft stil in de kamer.

'Karel,' roept ze. Geen reactie.

'Ká-rel!'

Er komt nog steeds geen reactie. Hij hoorde toch wel dat er iets viel en brak? Dan kom je toch poolshoogte nemen? Of je roept op zijn allerminst iets naar de keuken in de trant van 'Alles goed, schat?' Waarop zij dan weer zou roepen: 'Ja hoor, ik had alleen geen zin in de afwas.' Intussen zou hij natuurlijk wel zijn komen kijken. Zo zou het vroeger zijn gegaan. Maar nu... zelfs op haar roepen reageert hij niet. Zie je wel dat ze totaal niet belangrijk meer is voor hem? De vloer is werkelijk bezaaid met glassplinters, een stap verzetten is vragen om glassplinters in haar voeten. Wat nu?

Zoekend kijkt ze rond. In de vaatwasser staat een plastic

snijplankje waar ze kip op heeft gesneden. Ze reikt en kan er net bij. Schuivend met het plankje baant ze zich een veilige weg. Ze schiet de Crocs aan die als 'even-naar-buiten-schoenen' bij de achterdeur staan om haar voeten te beschermen. Met de stofzuiger zuigt ze zorgvuldig elk glassplintertje op. Precies als ze de stofzuiger opruimt, komt Karel in zijn ogen wrijvend de keuken in.

'Waarom was je aan het zuigen?'

'Zomaar,' zegt ze kortaf.

'Wat doe je kattig,' zegt hij verbaasd.

Ze haalt haar schouders op en schudt de hand die hij op haar rug legt van zich af. Hij mompelt wat onverstaanbaars en gaat terug naar de kamer waar hij het geluid van de televisie harder zet alsof hij haar buitensluiten wil. Hij doet maar! De rest van de vaat inruimen mag hij ook doen, denkt ze boos. Ze bedwingt de neiging om de keukendeur zo hard als ze kan in het slot te gooien en vlijt hem in plaats daarvan onhoorbaar zacht dicht. Ze beseft dat ze de Crocs nog aanheeft. Ze doet ze uit en sluipt de trap op naar boven, waar ze de computer inschakelt om te gaan Netflixen. Ze dwingt zichzelf haar aandacht erbij te houden en niet te gaan zitten piekeren. Karel zoekt het maar even uit!

Het verbaast haar niet als ze een halfuurtje later hoort dat hij naar boven komt.

'Ga naar bed,' smeekt ze in gedachten. Haar wens wordt niet vervuld.

'O, zit je hier?'

Ze slikt het antwoord dat ze anders gegeven zou hebben in en zwijgt.

'Ja, zie je...' begint hij, maar ze draait hem haar rug toe en richt haar aandacht op het scherm. Ze is er zo klaar mee. Natuurlijk komt hij nu met een of ander kletspraatje. Zo moe, druk gehad op het werk, druk op de weg, ze weet toch wel dat... Nou, ze weet helemaal niets, alleen dat zij die moeheid van hem moe is.

Achter haar gaat de kamerdeur harder dan nodig is dicht. Ze verbergt haar gezicht in haar handen. Natuurlijk wil ze best geloven dat hij moe is en niet zoveel meer aankan als voor zijn ziekte. Dat zal best waar zijn. Bij ernstige of chronische ziekten is vermoeidheid heel vaak een bijkomend symptoom. Niet gek natuurlijk als je alleen al bedenkt dat het lichaam in zo'n geval extra hard moet werken. Het is alleen niet bepaald geloofwaardig dat als hij thuis amper een slag kan uitvoeren, hij op zijn werk wel lange en intensieve dagen kan maken. En... ze houdt haar adem een paar tellen in... als dat wel mogelijk is, dan betekent dat dat hij op zijn werk alles geeft en thuis niets meer overheeft. Dat is een keuze. Hij wilde heel graag weer volledig aan het werk en dat is gelukt, maar hij kan nu net zo goed op zijn werk gaan wonen. Op deze manier heeft ze niets aan hem. Een poosje terug hoorde ze nog dat Sabine hem vroeg waarom hij niet minder ging werken of werk dichter bij huis zocht. Hij wees het resoluut van de hand. Werk gaat voor het meisje, denkt ze bitter. Het wordt tijd dat het meisje laat zien dat ze haren op haar tanden heeft en dat ze lang genoeg geduldig is geweest. Ze pikt het niet langer!

In een opwelling belt ze Elly, die naar haar verhaal luistert zonder haar te onderbreken. Ze maakt alleen af en toe meelevende geluidjes om te laten horen dat ze er nog is.

'Ik kan het niet meer, Elly,' eindigt Jantine.

'Ik weet niet of je het een oplossing vindt,' begint Elly na een korte stilte. 'maar je weet toch dat wij op het punt staan om voor zes weken naar Australië gaan? Is het een idee als je een poosje in ons huis bivakkeert, zodat je afstand kunt nemen en tot rust kunt komen?'

'Ja,' zegt Jantine ogenblikkelijk. 'Ja, dat is een heel goed idee.'

Die nacht slaapt ze bijna niet. Ze weet zeker dat ze het aanbod van Elly wil aannemen, tegelijk ziet ze ertegenop om het aan Karel te vertellen. Pas tegen de ochtend beseft ze dat ze Elly helemaal niet gevraagd heeft naar haar pasgeboren kleinkinderen.

Met open ogen staart Karel in het donker. Zijn lijf is zwaar en moe, zijn hoofd tolt van de gedachten. Hij ligt stil op zijn zij met zijn rug naar Jantine en probeert zo regelmatig mogelijk te ademen, zodat ze zal denken dat hij slaapt.

Slapen kan hij onmogelijk. Heeft hij de afgelopen dagen de juiste beslissingen genomen? Had hij er niet langer over na moeten denken of er een financieel adviseur naar moeten laten kijken? Had hij Jantine erin moeten betrekken? Ineens twijfelt hij of zijn verrassing wel een positieve verrassing voor haar zal zijn. Er komen allerlei woorden in hem op. Eigengereid, overdreven, gemakzuchtig, egotripper, eigenwijs... Bepaald geen positieve benamingen. Hij heeft de woorden van Corné ter harte genomen en eindelijk conclusies durven trekken. Natuurlijk wist hij allang dat er iets moest gebeuren, dat hij zo niet door kon gaan en dat Jantine schromelijk tekortkomt. Hij had per se alle ballen in de lucht willen houden, juist omdat zij, en niet alleen zij, hem niet op zijn woord geloofde. Als ze hem dan niet wilde geloven, dan zou hij doorgaan ook, had hij gedacht. Al moest hij erbij neervallen!

Ook op het werk was er tegen hem gezegd dat hij vooral aan zichzelf moest denken en aangeven wat hij nodig had. Het waren loze woorden. Zijn postbakje vulde zich steeds meer en als hij aangaf dat het hem te veel was, dan kreeg hij een schouderklopje. 'Je kunt het.' 'Komt goed.' 'Rustig aan, dan breekt het lijntje niet.' En meer van dat soort gewauwel. Het heeft lang geduurd voor hij inzag dat het alleen maar mooie woorden waren, maar dat ze niet bereid waren daadwerkelijk mee te denken over een betere invulling van zijn taken. Wat minder uren maken zou geen probleem zijn. Ze spraken over bedrijfsartsen en het UWV. Ze zouden er wel uit komen. Toen hij bespreekbaar wilde maken dat hij dan ook een deel van zijn klantenbestand zou moeten overdragen, bleek dat een brug te ver te zijn. Minder uren, akkoord. Minder werk afleveren, niet akkoord. Hoe zou hij hetzelfde werk, dat hem bij een volledige werkweek al zijn volle inzet vroeg, in minder tijd kunnen proppen? Dat zou onmogelijk zijn, en als hij het zou proberen, zou het gehaaste werken hem zoveel stress opleveren dat hij er niet meer energie van over zou houden dan nu, eerder minder. Bovendien zou hij door het afraffelen fouten maken, en die rechtzetten zou uiteindelijk veel meer tijd gaan kosten.

Een gesprek met een collega, die ruim een halfjaar deels in de ziektewet zit, maakte hem eens te meer duidelijk dat zijn werkgever alleen met woorden hart voor zijn werknemers heeft. Ze vertelde hem waar zij tegenaan liep en wist van een paar andere collega's dat die ook geen werkelijke sympathie en begrip hadden gekregen. Er vielen puzzelstukjes op z'n plaats. Er waren genoeg signalen geweest, zoals het feit dat ze ook steeds zijn hulp bleven inroepen in de periode dat hij volledig thuis zat. Het gaf hem weliswaar het gevoel erbij te horen, maar vaak ging het ook over zaken die ze best zelf hadden kunnen overnemen als ze de moeite hadden genomen om zich te verdiepen in de materie. Nu ging hij pas begrijpen dat ze nooit helemaal tevreden zouden zijn over zijn werk, al zou hij zich zeven slagen in de rondte werken. Meer, meer, meer, dat blijkt het credo te zijn. Hij had het nog een kans willen geven door open en eerlijk het gesprek aan te gaan, maar hij stuitte alleen maar op afweer en onwil toen hij duidelijk maakte dat hij daadwerkelijk een stap terug ging doen, móést doen.

Toen was de maat vol geweest. Corné had gelijk, hij moet keuzes maken, hij moet beslissen wat het belangrijkste is in zijn leven en een manier proberen te vinden om dat leven vol te houden en niet continu op zijn tenen te lopen en te veel van zichzelf te vergen. Eigenlijk wist hij dat al. Natuurlijk. Het was achteraf net of hij alleen die woorden van Corné nodig had om ervoor te gaan, als een bevestiging.

Alsof het geregisseerd was, liep hij in de week na het gesprek zijn oud-collega Rutger tegen het lijf, met wie hij altijd goed kon opschieten, maar die hij uit het oog verloren was toen Rutger een andere baan kreeg. Inmiddels was Rutger voor zichzelf begonnen. Ze wisselden uit hoe het met hen ging. Rutger vertelde dat hij gescheiden was en zijn drie kinderen bijna niet meer zag. Karel hoefde niet te vragen of hij daar veel verdriet van had. Dat zag hij zo wel aan de blik in zijn ogen. Zelf vertelde hij over de sarcoïdose en de wissel die het op hem en zijn gezin trekt en dat hij het op het werk niet meer bolwerken kon en dat hij het nog niet zag gebeuren dat ze een passende functie zouden creëren.

'Doen ze ook niet,' had Rutger nuchter gezegd. 'Ik ben de eerste niet die uit onvrede is weggegaan en ook de laatste niet. Soms hoor ik nog weleens wat, er speelt meer achter de schermen dan zo op het eerste gezicht lijkt.'

'Daar begin ik achter te komen,' had Karel gezegd. In gedachten zag hij de collega's die gekomen en gegaan waren. Het verloop was best groot, maar hij had er nooit veel achter gezocht. Blijkbaar hield iedereen zijn mond en wist niemand dat zijn of haar ervaring niet uniek was.

'Ik wil uitkijken naar iets anders,' had hij gezucht.

'Op hetzelfde gebied, maar dan parttime?' had Rutger gevraagd.

Hij had geknikt, en Rutger had gevraagd of hij vrijdagmiddag langs kon komen voor een gesprek. Het was maar een formaliteit geweest, niet eens een echt sollicitatiegesprek. Daarna had hij contact opgenomen met het UWV om te kijken of hij voor een gedeeltelijke uitkering in aanmerking kwam. Volgens Rutger had hij daar beslist recht op, en hij leek daar gelijk in te krijgen. Het zou mooi zijn, want met kortere werkdagen zou hij er financieel fors op achteruitgaan en dan zou het krap worden om rond te komen.

Achter hem zucht Jantine en ze draait zich om. Ze neemt een stuk van de deken mee. Hij trekt het niet terug, dan zou ze weten dat hij ook wakker is. Hoe moet hij haar vertellen wat hij zonder overleg met haar geregeld heeft? Hij heeft het gedaan om haar en om de kinderen en kleinkinderen. Ook om zichzelf. Hij hoopt dat hij een deel van de vermoeidheid kwijtraakt als hij bij Rutger gaat werken. De reisafstand bedraagt nog geen kwart van de huidige afstand, dat betekent veel minder lang reizen, plus maar zes uur per dag werken. Dat moet hem goeddoen, en daardoor moet het zijn huwelijk ook goeddoen.

Het gedrag van Jantine vanavond heeft hem meer dan duidelijk gemaakt dat haar iets flink dwarszit. Dat iets is hij, dat beseft hij nu wel. Zijn gedrag, zijn gebrek aan energie, zijn er niet meer voor haar kunnen zijn. Hun verhouding is scheefgegroeid. Toen zij zo met de overgang worstelde, was ze niet zo lamgeslagen als hij nu en waren er ook meer goede dagen geweest. Dat hielp om de boel in evenwicht te houden, beseft hij. Nu ervaart hij alle dagen als donker, zwaar en moeilijk.

Hij schrikt van deze gedachte. Is dat zo? Zijn alle dagen donker, zwaar en moeilijk? Zou hij depressief worden? Of een burn-out hebben? Het zou allebei niet raar zijn. Het is echt goed dat hij minder hooi op zijn vork krijgt als hij straks bij Rutger gaat werken. Tot die tijd moet hij het uitzingen. Misschien maakt het vooruitzicht zijn dagen nu alvast wat lichter.

Nu moet hij echt gaan slapen. Morgenavond zal hij met Jantine praten.

Veel te vroeg gaat de wekker. Jantine slaapt nog en ze wordt niet wakker van het gerinkel. Hij doet de lamp niet aan en zoekt in het donker zijn kleren bij elkaar. Laat haar maar lekker slapen, denkt hij. Ze heeft vannacht vast nog lang wakker gelegen.

Jantine legt haar handen over haar ogen. Daar bonkt en klopt de hoofdpijn. Veel heeft ze niet geslapen vannacht. Tot vier uur heeft ze elk uur op de klok gezien. Het is nu net zeven uur geweest. Hondsmoe is ze nog. Wat heeft ze liggen piekeren vannacht.

Het plekje naast haar is allang afgekoeld. Karel is al naar zijn werk. Natuurlijk is hij al naar zijn werk. Dat is immers het belangrijkste in zijn leven. Als ze zich vroeger eens versliep, dan liet hij altijd een lief of grappig briefje achter. De ene keer op de wastafel, de volgende keer op de tafel of aan de koelkast. Nu zijn er geen briefjes meer.

Het besluit dat ze vannacht nam, neemt nog vastere vormen aan. Als Karel thuiskomt, zal er een briefje voor hem zijn, en dat zal geen grappig of lief briefje zijn. Het zal hem mededelen dat ze een huwelijkspauze nodig heeft om te bezinnen hoe ze verder moeten, en dat hij geen contact moet zoeken, behalve in noodgevallen. Ze weet precies hoe het anders gaat. Hij zal haar achterna komen. Op z'n minst bellen en haar proberen te overtuigen dat ze terug moet komen en dat alles beter zal worden. Het zou zinloos en onnodig frustrerend zijn. Ze heeft een pauze nodig om op adem te komen en om na te denken.

Ze slikt een paar paracetamols en werkt een beschuitje en een kopje thee naar binnen. Het smaakt haar niet. Daarna pakt ze haar tas in met alles wat ze ook maar nodig denkt te hebben. Voor ze naar Zeeland gaat, wipt ze bij tante Gien aan om vlugvlug het huis aan kant te maken en wat boodschappen te doen. Tante Gien vindt het jammer dat ze een poosje weggaat, ze zal haar missen en niet alleen om het werk dat ze verzet. Toch drukt ze Jantine op het hart om te genieten van haar uitstapje en haar tijd daar uit te buiten. Ze belooft het grif. Ze laat tante Gien in de waan dat ze voor haar plezier gaat, en die lieverd klaagt niet eens dat ze geen vervanging geregeld heeft.

Het is een flink eind rijden naar Middelburg. Ze zag er tegenop maar tegelijkertijd had ze zich voorgesteld dat er een rust over haar zou komen als ze eenmaal onderweg zou zijn. Ze zou op haar gemak ergens lunchen, en theedrinken misschien ook. Onbezorgdheid vieren. In plaats daarvan voelt ze zich gejaagd en onrustig. Het gevoel dat ze misschien niet de juiste beslissing heeft genomen, duwt ze weg.

Dat gevoel verdwijnt grotendeels als ze hartelijk ontvangen wordt door Jan en Elly. Hun koffers staan in de gang, morgenochtend, vannacht bijna, zullen ze naar het vliegveld vertrekken. Maar nu maken ze er nog een gezellige avond van. Jan stelt voor uit eten te gaan, en met algemene stemmen wordt er voor een visrestaurant gekozen. Ze zijn er nog maar net als Jantine haar telefoon voelt trillen in haar broekzak. Dat moet Karel zijn, die thuisgekomen is en haar briefje gelezen heeft. Ze negeert het. Als haar telefoon blijft trillen, zet ze die zonder erop te kijken met een beslist gebaar uit.

'Karel?' vraagt Elly.

Jantine knikt.

'Je kunt hem niet blijven negeren. Dat weet je wel, toch?' zegt Elly zachtjes.

'Ik kijk vanavond,' belooft Jantine en daar neemt Elly genoegen mee.

Als ze thuiskomen, blijven ze niet al te lang meer zitten. Jan en Elly moeten al vroeg vertrekken en Jantine kan goed merken dat ze de vorige nacht niet al te veel slaap heeft gehad. Bovendien vergde deze dag meer energie dan ze verwacht had. In bed leest ze vluchtig de appjes van Karel. Hij biedt zijn excuses aan en zegt dat hij al - vooral AL - inzag dat het anders moest en dat hij dat juist geregeld heeft. Jaja, dat gelooft ze meteen. De volgende berichten leest ze niet meer. Ze overweegt om te appen dat hij haar, zoals ze op het briefje gevraagd heeft, niet meer moet appen. Ze doet het niet. Ze regeert gewoon niet. Als hij geen reactie krijgt en verdere berichten op ongelezen blijven staan, zal hij heus wel snappen dat het haar ernst is, hoopt ze.

Ze geeuwt zo hard dat de tranen in haar ogen springen. Ze neemt zich voor om vannacht goed te slapen en gepieker niet toe te laten. Wonder boven wonder lukt dat nog ook en wordt ze pas wakker als ze Jan en Elly hoort stommelen en fluisteren.

'Goedemorgen,' roept ze.

'Ah, we wilden je niet wakker maken,' roept Elly op teleurgestelde toon terug.

'Juist wel,' zegt Jantine terwijl ze uit bed wipt en haar slofjes aantrekt. 'Nu kan ik jullie fijn uitzwaaien.'

Ze schiet haar badjas aan, en nog geen tien minuten later zwaait ze Jan en Elly uit. Nu is ze echt alleen.

16

Corné draait zich om. Halfdrie. En nog slaapt hij niet. Hij ligt nu al een uur te woelen en te draaien. Als hij om kwart voor drie nog niet slaapt, houdt hij zijn middagdutje voor gezien, besluit hij. Dan komt hij maar hondsmoe thuis vanavond en moet hij maar drie dagen bijkomen.

Waarom maakt hij zich zo druk over vanavond? Omdat het nu een echt afspraakje is in zijn ogen en geen losse vriendschap meer? Dat zit alleen maar tussen zijn oren, houdt hij zichzelf voor. In feite is er niets veranderd. Martien is een leuke vrouw en ze gaan samen een hapje eten... meer is het niet. Ze hebben er nooit over gepraat en ze weet niet eens dat het bij hem meer aan het worden is dan zomaar een gezellige vriendschap. Eenrichtingsverkeer? Die kans is groot, wie wil er nu een kerel die middagdutjes moet doen en dan nog vaak te weinig energie heeft om iets te doen?

'Wie houd je nu voor de gek?' fluistert een stemmetje in zijn hoofd. Nijdig draait hij zich op zijn andere zij. Vanavond kan hij...

Dan verwarren zijn gedachten zich toch nog en valt hij in slaap. Om vijf uur wordt hij wakker van de wekker die hij voor de zekerheid gezet heeft. Er is nog precies tijd om even te douchen.

Als hij voor het restaurant op Martien staat te wachten – natuurlijk is hij ruim een kwartier te vroeg – klopt zijn hart in zijn keel van de zenuwen. Het moet niet gekker worden.

Tien minuten voor de afgesproken tijd ziet hij haar aankomen. Ze loopt soepel en lichtvoetig, vrolijk. Hij glimlacht. 'Hoi.'

'Hoi,' lacht ze. Even legt ze haar hand op zijn arm. Hm, wat betekent dat? Martien raakt mensen niet zomaar aan. Hij kan zich in elk geval niet herinneren dat ze dat ooit gedaan heeft. Hij slikt, gek, de zenuwen die hij de laatste minuten aardig de baas was, steken de kop weer op. Hij houdt de deur voor haar open en haalt ongemerkt een paar keer diep adem. Dit is gewoon een etentje. Niets meer en niets minder, houdt hij zichzelf voor. Het helpt... een beetje.

Even later zitten ze tegenover elkaar aan een tweepersoonstafeltje. Ook Martien lijkt er moeite mee te hebben om woorden te vinden. Ze schieten half in de lach.

'Daar zitten we dan,' zegt Martien.

'Ja,' beaamt hij onnozel.

'Leuke jurk,' bedenkt hij dan.

'Leuke blouse,' zegt ze tegelijkertijd.

Nu lachen ze echt en is het ijs gebroken. De serveerster vraagt hun wat ze drinken willen en overhandigt hun een tablet waarop ze de bestellingen door kunnen geven. Ze legt uit hoe het werkt en verdwijnt met de mededeling dat het drinken er zo aan komt. Ze buigen zich over de kaart en worden het snel eens over hun eerste bestelling. Tegen de tijd dat die gebracht wordt, praten ze ongedwongen over van alles en nog wat. Corné voelt zich opgelucht. Hij was bang dat het een lange, ongemakkelijke avond zou worden. Hij pakt zijn glas en heft het op. Martien doet hetzelfde. Ze tikken hun glazen tegen elkaar.

'Op ons,' wil hij zeggen. 'Op een gezellige avond,' maakt hij er gauw van.

Hij houdt ervan om zo relaxed te eten. Dat past meer bij hem dan met een grote groep uitgaan in lawaaierige gelegenheden. Zeker sinds hij ziek is en hij moet woekeren met zijn energie.

'Hmmm, deze inktvisringen zijn heerlijk.' Martien doopt een inktvisring in een sausje. 'Ik zou de hele avond alleen dit kunnen eten,' zegt ze genietend.

Hij lacht. 'Ik niet, want er staan nog zoveel andere lekkere dingen op de kaart, maar ze zijn inderdaad heerlijk.'

Het is maar goed dat er hier geen maximale tijd voor het *all you can eat* aangegeven staat, denkt hij een poos later. Ze bestellen op hun gemak en niet veel tegelijk. Intussen praten ze heel wat af. Over het gamen en de gamegroep. Allebei hebben ze het idee dat ze niet echt in de groep passen. De meesten zijn alleen gefocust op het gamen en op veel drinken. Dat er daarbuiten een wereld is, is waarschijnlijk nooit tot hen doorgedrongen.

'In het begin was dat toch niet zo? Of is het me toen niet zo opgevallen?' vraagt Martien peinzend.

'Ik denk alle twee. Er zijn een paar meer zoals wij in de groep, die hoor je ook minder dan in het begin, en sommigen zijn er al uit gegaan. Het duurt ook even voor je zulke patronen opmerkt.'

Martien knikt. 'Dat klinkt wel logisch, ja. Waarom ben jij gaan gamen?'

'Gamen in het algemeen of dit spel?'

'Allebei.'

'Ik stuitte per ongeluk op dit spel, via een pop-upreclame geloof ik. Het leek me leuk en ik probeerde het.'

Martien knikt.

'Ik heb altijd wel computerspelletjes gespeeld, maar ik ben echt meer gaan gamen toen ik ziek werd. Ik moest rustiger aan doen, maar de dagen worden niet korter, dus dan beland je bijna automatisch achter de computer. Ik wel tenminste.'

'De tijd schiet ook zo lekker op als je aan het spelen bent. Je hoeft nergens anders aan te denken,' zegt ze. 'Je bent haast in een soort trance.'

'Precies dat!' zegt hij.

'Na mijn scheiding verloor ik alle vriendschappen.'

Hij begrijpt dat dat voor haar de aanleiding was om te gaan gamen.

Ze zwijgt en hij kijkt haar belangstellend aan. Hij weet

dat ze ooit gescheiden is, maar details heeft ze nooit verteld.

'Mijn ex en mijn beste vriendin,' zegt ze kort.

'Ai.'

'Ja. Zullen we nog wat bestellen? Die met zalm?'

'Dat is goed.' Hij tikt de bestelling in en legt de tablet aan de kant. Hij dacht dat het een manoeuvre was om van onderwerp te veranderen, maar ze vertelt toch verder.

'Ik ben toen al mijn vriendschappen en contacten kwijtgeraakt. Wat hij hun precies heeft gezegd, weet ik niet, maar het is een feit dat niemand belangstelling voor me toonde.'

'Laat staan steun bood,' zegt hij grimmig.

'Ja, inderdaad. Ik voelde me zo verraden. Niet alleen door Rob en mijn vriendin, maar door alles en iedereen. Ik nam me voor om geen relaties, in de breedste zin van het woord, meer aan te knopen. Alleen ben ik beter af.'

Onder tafel balt hij zijn vuisten. Het is dus al heel wat dat zij vrienden zijn, beseft hij.

'Je kunt niet alleen leven,' zegt hij.

'Nee, niet helemaal. Ik heb fijne collega's en dit is ook leuk, maar verder...' Ze schudt haar hoofd.

Maar verder, daar bedoelt ze waarschijnlijk hem mee. Dat klinkt niet alsof hij veel kans maakt op een hechtere relatie dan slechts vriendschap. Vriendschap zal al een harde dobber worden, vreest hij.

'Wat kijk je ineens triest?' Martien kijkt hem vragend aan.

'Het is geen leuk verhaal dat je vertelde. Ik vind het erg voor je.'

'Ja, ach, daar ben ik wel overheen, hoor. Ik game ook niet meer om te vergeten, die periode is voorbij.'

Waarschijnlijk gamet ze dus nog wel om de tijd te verdrijven, concludeert hij in gedachten. De nieuwe gerechtjes die gebracht worden, geven afleiding.

'Ook al zo lekker,' mompelt ze met volle mond.

Ze geniet zichtbaar van het eten, dat vindt hij leuk. Intussen praten ze over van alles. Ze houden allebei van fantasyboeken en -films. *De Hobbit* en *In de ban van de ring* van Tolkien blijken ze allebei klassiekers te vinden.

'Binnenkort komt er een nieuwe film van *Fantastic Beasts* uit,' zegt ze. 'Zullen we die samen in de bioscoop gaan kijken?'

Daar hoeft hij geen moment over na te denken. 'Strak plan,' zegt hij dan ook. 'Zullen we gelijk een datum afspreken?' In gedachten ziet hij zijn zus goedkeurend knikken, goed zo, gelijk doorpakken. Zeker nu ze zelf het initiatief nam.

'Dat was gezellig,' zegt Martien hardop als ze de parkeergarage uit rijdt. Ze knippert met haar lichten naar Corné die achter haar rijdt en die bij de uitrit de andere kant op moet.

Ze voelt zich loom en voldaan. Ze heeft dan ook heerlijk gegeten. Vooral van de inktvisringetjes kon ze geen genoeg krijgen. Hebben ze die drie of zelfs vier keer besteld? Ze weet het niet meer.

Wat ze wel weet, is dat het heel lang geleden is dat ze zo open is geweest tegen iemand, bedenkt ze als ze op haar rug in bed ligt. Ze vouwt haar armen onder haar hoofd. Nooit heeft ze naar iemand haar voornemen verwoord om geen relaties meer aan te gaan. Het is ook nooit nodig geweest. In haar eentje vermaakt ze zich ook best, en het scheelt een hoop verdriet en ellende. Het voorstel om samen naar de bios te gaan, verraste haar zelf ook. Dat paste ook al niet in haar voornemens. En dat ze haar hand op zijn arm legde toen ze aankwam. In het donker fronst ze haar wenkbrauwen. Waarom ze dat deed? Als Corné er maar niets achter zoekt, want dat wil ze beslist niet. Nou ja, ze zijn vrienden, zoals hij zelf zei, dan moet dat kunnen, toch? Verder vindt ze hem de typische vrijgezel die zijn leven prima voor elkaar heeft en daar dik tevreden mee is. Nou ja, op die sarcoïdose na dan. Daar wil ze hem de volgende keer wel meer over vragen. Medische dingen interesseren haar altijd. Ze kijkt ook graag naar ziekenhuisseries op televisie. De sarcoïdose belemmert hem meer dan de astma haar belemmert, dat kan ze goed merken. Het enige waar ze echt mee uit moet kijken, zijn katten. Daar heeft ze zo'n heftige allergie voor dat ze al last kan hebben van de kattenharen op andermans kleding.

Corné lijkt zijn hele ritme gebaseerd te hebben op de sarcoïdose. Op zich wel goed, natuurlijk, aan de andere kant een dwangbuis. Het lijkt haar vreselijk om continu rekening te moeten houden met je gezondheid. Te weten dat er op relatief jonge leeftijd al zoveel wegen voor je afgesloten worden. Dan komt zij er nog goed vanaf met haar astma. Zolang ze haar medicijnen maar neemt en katten ontloopt, kan ze vrijwel alles. Er zijn zoveel vreselijke ziekten. ALS of Huntington of kanker of hart- en vaatziekten of... Te veel om op te noemen. Gezond zijn is een wonder! Zou men dat ooit genoeg kunnen beseffen?

Die vragen houden haar nog steeds bezig als ze Corné weer ziet als ze afgesproken hebben in de bioscoop. Beiden zijn ze ruim op tijd. Dat hoort hij hen allebei. De bioscoopzaal is nog vrijwel leeg.

'Heb je vanmiddag geslapen?' vraagt ze.

Hij knikt. 'Ja, natuurlijk. Anders val ik onder de film in slaap.' Hij lacht, maar ze merkt dat hij niet echt een grapje maakt.

'Lastig lijkt me dat,' zegt ze.

Hij haalt zijn schouders op. 'Leuk is anders, dat klopt. Ik kan eigenwijs zijn en door blijven gaan, maar daar heb ik alleen mijzelf mee. Ik ken iemand, die is wat ouder dan ik ben, maar hij heeft veel moeite om te accepteren dat hij minder kan dan vroeger.'

'Jij niet?' interrumpeert ze.

'Jawel, natuurlijk wel. Ik bedoel dat hij moeite heeft om in te zien dat hij het roer om moet gooien en niet maar door-door-door moet gaan. Hij werkt fulltime en komt afgedraaid thuis. Dag in, dag uit. Week in, week uit.'

'Dat lijkt me niet goed voor zijn relatie, als hij die heeft.'

'Hij is getrouwd en zijn huwelijk staat onder druk. Ik heb hem geadviseerd reëel en eerlijk te zijn en keuzes te maken.'

'Anders maakt het leven keuzes voor hem,' vult ze begrijpend aan.

'Precies,' knikt hij.

'Niet makkelijk.'

'Nee, maar wel noodzakelijk.'

'Ben jij nooit eens eigenwijs?' vraagt ze.

'Natuurlijk wel,' grinnikt hij. 'Vandaag nog, eerlijk gezegd. Ik was bezig een huisje in elkaar te zetten voor bij mijn spoorbaan en ik dat wilde ik af hebben voor ik ging slapen. Het was meer werk dan ik dacht, en daardoor heb ik maar heel kort geslapen. Dus als ik toch zo in slaap val, dan moet je me maar wakker maken.'

'Ik zal in je neus knijpen,' belooft ze.

Het in de neus knijpen blijkt niet nodig. Steeds als ze opzij kijkt, ziet ze hoe hij opgaat in de film. Eigenlijk doet hij alles met overgave, denkt ze, in de zin dat hij zich concentreert op één ding. Multitasken is waarschijnlijk niet zijn sterkste punt. Nou ja, dat schijnt toch een slechte gewoonte te zijn.

Blijkbaar merkt hij dat ze naar hem kijkt, want hij draait zijn hoofd en lacht. 'Leuk?' vormt hij met zijn lippen. Ze kan het net zien in het schemerige licht. Ze knikt enthousiast en richt haar aandacht weer op het grote scherm.

Zijn been raakt het hare. Toeval?

Ze laat het zo.

'Zullen we nog wat drinken?' stelt Corné voor als de film afgelopen is.

'Hoe laat is het?'

'Halfelf.'

Ze aarzelt. Eigenlijk is ze heel moe. Tijdens de film had ze daar geen last van, maar nu die afgelopen is, overspoelt de moeheid haar. Niet zo raar, want normaal gesproken ligt ze al in bed. Morgen kan ze uitslapen… Wat ze niet zal doen, want dat gen mist ze. Als ze om zeven uur wakker wordt, is het al heel wat.

'Het is wel gezellig,' zegt ze.

'Ja dus,' concludeert hij.

Even later zitten ze in een sfeervol restaurant. Beiden bestellen ze koffie. Ze doet alsof ze iets in haar tasje zoekt en gaapt verstolen. Als ze opkijkt, ontmoet ze de lachende ogen van Corné.

'Over eigenwijs zijn gesproken...' zegt hij. 'Ik ben moe en jij ook. We hadden gelijk naar huis moeten gaan.'

'Dat is zo kaal,' protesteert ze meteen.

'Ja, dat is ook zo,' moet hij toegeven. 'We blijven hier gewoon niet zitten als we de koffie ophebben.'

'Eh... ik denk dat ze ons eruit willen hebben,' zegt ze een poosje later terwijl ze rondkijkt. Bijna alle tafeltjes zijn leeg en het personeel is duidelijk aan het opruimen en afsluiten. Ze kijken elkaar aan en schieten in de lach.

'Eigenwijs,' zeggen ze tegelijk.

Afgedraaid komt ze thuis, maar ze stapt met een glimlach in bed. De lange avond is veel te snel voorbijgevlogen.

17

Nog voor Karel de sleutel in het slot steekt, weet hij het al. Jantine is er niet. Raar dat je dat aan de buitenkant van een huis kunt zien. Misschien ook omdat hij geen etensgeuren ruikt? Haar autootje staat ook niet in de garage, ontdekt hij.

Had hij moeten weten dat ze er niet zou zijn, vraagt hij zich af. Dat moet hij in zijn agenda nakijken. Uit zijn hoofd gezegd was er niets bijzonders. Misschien is ze nog bij tante Gien. Dan is ze weleens vaker wat later. Ergens voelt hij dat dat niet de oorzaak is. Hij hoopt dat Jantine iets eenvoudigs bedacht heeft om te koken. Een ovenschotel die alleen nog maar in de oven moet, bijvoorbeeld. Het liefst zou hij in zijn stoel neerploffen en er de hele avond niet meer uit komen, maar hij moet even flink zijn. Straks wordt het makkelijker, maar nu moet hij nog even doorbijten.

In de koelkast staat niets dat op avondeten lijkt. Er is niets voorbereid en er lijken zelfs geen boodschappen te zijn gedaan. Dat is niets voor Jantine. Het gevoel van onrust wordt sterker als hij de woonkamer binnengaat. Die is bijna pijnlijk netjes. Zelfs de krant van vandaag ligt al in de krantenbak. Op tafel ligt een envelop met zijn naam erop. Met trillende handen scheurt hij hem open. Zijn ogen vliegen over de regels. Het is of hij geen adem meer krijgt. Ze is weg. Weg! Ze wil een huwelijkspauze. Misschien is ze wel voorgoed weg.

Hij grijpt de autosleutels, zijn hand knelt er pijnlijk omheen. Hij gaat haar halen!

Hoongelach weerklinkt in zijn hoofd. 'Halen? Uit Zeeland? Je komt het dorp nog niet eens uit. Slampamper!'

Hij laat zich in zijn stoel zakken. Er kriebelt iets nats over zijn wang. Hij slaat zijn handen voor zijn ogen en huilt met harde, pijnlijke snikken zoals hij nog nooit gehuild heeft.

Als hij uitgehuild is, staart hij voor zich uit. Wat nu? Hij mag geen contact opnemen. Moet hij dat nu respecteren of juist niet? Meestal voelt hij wel aan wanneer Jantine eigenlijk juist wil wat ze zegt niet te willen. Daar was hij altijd best trots op. Vrouwen zijn wonderlijke wezens. Deze keer weet hij het niet.

Hij wil haar vertellen dat hij zijn leven – hun leven – aan het veranderen is. Dat er meer ruimte komt voor haar en voor de kinderen en kleinkinderen. Nu voelt hij pas hoe egocentrisch het is geweest dat hij de beslissing om zijn baas voor te stellen om hem met wederzijds goedvinden te ontslaan, niet met haar samen genomen heeft. Het moest een verrassing zijn. Nu beseft hij dat dit soort grote besluiten alleen en zonder overleg nemen nooit een verrassing mag zijn. Het is te laat. Ze is weg. Hoe geloofwaardig is hij nog als hij zegt dat hij het al geregeld had voor ze vertrok? Hij wil zeggen dat hij van haar houdt. Dat hij haar al miste zodra hij uit de auto stapte en alleen nog maar voelde dat ze niet meer thuis was. Dat hij haar niet kan missen.

Geen contact opnemen is geen optie, besluit hij. Dan lijkt het alsof hij zich er zomaar bij neerlegt, of het hem niet zoveel interesseert. Dat signaal wil hij niet afgeven. Hij pakt zijn mobiel en appt. Hoopvol ziet hij de vinkjes bij de eerste berichtjes blauw worden. Ze leest ze. Ze leest alleen de eerste berichten maar, daarna blijven ze op ongelezen staan. Pas de volgende dag krijgt hij een reactie. Of hij niet meer wil appen...

Weer overweegt hij het dilemma. Wel of geen contact opnemen? Dit keer krijgt geen contact opnemen de voorkeur. Ze weet, als ze zijn berichten gelezen heeft, in elk geval hoe hij erover denkt en ook dat hij het er niet bij laat zitten. Op dit moment moet hij misschien juist doen wat ze vraagt en daardoor laten zien dat hij haar respecteert, overweegt hij onzeker.

Hij zit lusteloos in zijn stoel. Hij heeft zijn badjas nog aan. Hij had geen fut zich aan te kleden. Voor zijn werk heeft hij zich ziek gemeld. Zijn werk lijkt ineens zo onbelangrijk, ook al smeekten ze of hij niet even naar een dossier kon kijken. Hij heeft botweg geweigerd. Waarom heeft hij zoveel, te veel, aan zijn werk gegeven?

Je werkt om te leven. Je leeft niet om te werken. Wie zei dat ook alweer? Corné misschien? Hij weet het niet meer. Diegene heeft in elk geval wel gelijk. Waarom komt hij daar nu pas achter?

Hij sluit zijn ogen en zijn leven trekt aan hem voorbij. Sabine die blindedarmontsteking had en Jantine die alles regelde, want hij moest uiteraard werken... Maxime die in groep zes met zijn team de finale van het regionale schoolvoetbaltoernooi had gehaald en Jantine die alleen ging kijken, want hij moest werken... Philip die vroeg of hij zich alsjeblieft op wilde geven als begeleider voor het schoolreisje naar het Aviodrome. Hij had gezegd dat Philip het maar aan zijn moeder moest vragen, want papa moest werken... Dat teleurgestelde snoetje. Toen deed hem dat geen pijn, nu wel. Jantine die nog vroeg of hij geen vrij kon krijgen, maar nee, belangrijke vergadering... Waar die over ging? Hij weet het niet meer, maar de blik van Philip is hij niet vergeten.

Gelukkig was hij er ook vaak wel. Zijn collega's vonden hem een betrokken vader. Zijn kinderen klagen er nu niet over dat hij er nooit was. Toch zou hij een heleboel keuzes – waarvan hij toen echt dacht dat het geen keuzes waren – nu anders maken.

Moet hij de kinderen inlichten? Zou Jantine dat gedaan hebben als hij vertrokken was? In dat geval zou hij toch wel iets van hen gehoord hebben? Of heeft hij het zo bont gemaakt dat hij alle credits verspeeld heeft? Hij moet het weten. Hij appt Sabine voor een kletspraatje. Dat doet hij weleens vaker, dus dat is niet raar. Ze reageert gelukkig meteen en vertelt een grappig voorvalletje met de kinderen. Aan niets kan hij merken dat ze weet dat haar moeder niet meer thuis is. Hij wil het appen, maar zijn vingers willen het bericht niet typen. Misschien is het beter om het persoonlijk te vertellen. Het is misschien ook beter om nog een paar dagen te wachten en geen slapende honden wakker te maken. Wie weet is Jantine dan al weer terug en is alles weer als vanouds.

Nee, niet als vanouds, corrigeert hij zichzelf. Beter dan vanouds! Hij zal Jantine deelgenoot maken van zijn plannen. Hopelijk is ze het ermee eens, want terug kan hij niet meer. De handtekening om het dienstverband met wederzijds goedvinden op te zeggen, heeft hij al geplaatst. Juridisch gezien kan hij er nog op terugkomen, als hij zich niet vergist, maar in de praktijk is dat geen optie. Hij zal zijn verontschuldigingen aanbieden en... Ja, wat nog meer? Hij kan het verleden niet veranderen. Alleen beterschap beloven, maar wel binnen de grenzen van zijn kunnen.

Corné heeft gelijk. Hij moest kiezen, voor zijn vrouw en voor de kinderen en hun gezinnen, maar ook voor zichzelf. Zijn bijna onbewuste keuze voor het werk was een keuze tegen Jantine, tegen Sabine, Maxime en Philip, tegen hun gezinnen, maar ook tegen hemzelf. Nu heeft hij het goede gekozen en moet hij bidden dat hij Jantine nog niet te ver van zich afgestoten heeft en dat het nog niet te laat is.

Hij vouwt zijn handen in zijn schoot. Waar doet hij wijs aan? Vroeger zou hij het geweten hebben. Als ze onenigheid hadden, stootte ze hem vaak af als ze zich gekwetst voelde. Niet omdat ze alleen wilde zijn, nee, juist omdat ze níét alleen wilde zijn, maar zich wel alleen voelde. Ze wilde dat hij bij haar kwam en haar daarmee verzekerde dat hij haar nooit in de steek zou laten.

Hij begreep het en hij begrijpt het nog. Haar ouders leefden hun eigen leven waarin weinig plaats was voor kinderen. Het was niet ongezellig, maar ze waren geen vangnet. Problemen moest Jantine zelf oplossen. Door zich terug te trekken, laat ze zich als het ware vallen om het vangnet – hem – uit te testen. Roekeloos en dapper tegelijk, denkt hij.

Een glimlach trekt om zijn mond. Zijn meisje, wat was hij trots op haar geweest. Ze is zo'n lieve vrouw. Het gezin kwam altijd op de eerste plaats, ze stond altijd voor de kinderen klaar, ondanks haar eigen ervaringen. Dankzij haar eigen ervaringen, zegt ze zelf, herinnert hij zich. Ze heeft gezien en gevoeld hoe het niet moet, en ze heeft kans gezien om dat honderdtachtig graden om te buigen. En hij was haar vangnet. Voor als ze zich afgewezen voelde door de kinderen, het idee had dat ze gefaald had als moeder. Vooral in de puberteit van de kinderen, natuurlijk, als ze zich losmaakten en volwassen en zelfstandig werden. Dat proces herkende ze niet, er was voor haar weinig los te maken, want er was eigenlijk geen band. Door veel te lezen en om zich heen te kijken, heeft Jantine zich een beeld gevormd van wat 'normaal' is. Heel bijzonder.

En nu? Nu heeft hij een vangnet nodig. Hij heeft het gevoel dat hij valt en blijft vallen sinds duidelijk werd dat de sarcoïdose chronisch geworden is en dat dat voorgoed flinke impact op hun leven zal hebben. Hun plannen om mooie reizen te gaan maken zijn, mogelijk voorgoed, in de ijskast verdwenen. Hun leven is stil komen te staan.

Het is koud in de kamer als hij wakker wordt. De verwarming is automatisch naar de nachtstand gegaan. Zijn nek doet pijn en alles is stijf. Ook daar heeft hij de laatste jaren meer last van. Heeft het te maken met de sarcoïdose? Is het de leeftijd? Volgens de dokter kan het allebei en hoeft het niet het één of het ander te zijn. Het kan ook het één én het ander zijn.

'Fijn,' had hij wat sarcastisch gezegd.

De dokter had zijn schouders opgehaald. 'Tja, ik kan het niet mooier maken. Je hebt de leeftijd voor PHPD, Pijntje Hier Pijntje Daar, en sarcoïdose is een ziekte waar nog heel veel niet over bekend is en ook een ziekte die een breed scala aan klachten kent die zich erbij voor kunnen doen. Op de scan is niet veel bijzonders te zien, en dat is in elk geval iets goeds.'

Hij had niet anders kunnen doen dan dat beamen. Zijn dokter is een nuchtere man die er, zoals hij verzocht had, geen doekjes om wond. Het kwam dus neer op de dooddoener 'Je moet ermee leren leven'.

Hij komt moeizaam overeind, beweegt zijn vingers en handen, draait zijn nek en maakt zijn armen en benen soepeler voor hij naar boven strompelt. Als hij in bed tuimelt, bedenkt hij dat hij nu nog niet weet of hij er verstandig aan doet Jantine tijd alleen te gunnen in Zeeland of juist niet.

Jantine parkeert de auto bij de Jumbo in Zoutelande. Een flinke strandwandeling zal haar goeddoen, had ze gedacht. Vanochtend kon ze geen hap door haar keel krijgen. Ze heeft alleen een kop thee gedronken. Nu begint ze toch trek te krijgen. De appel die ze in haar zak heeft gestopt, zal daar niet veel tegen doen.

Bij de Jumbo koopt ze twee chocoladecroissants. Ineens heeft ze daar vreselijke trek in. Al lopend eet ze er één op, de andere stopt ze in haar jaszak. Ze heeft toch niet zoveel trek als ze dacht.

Het is fris voor de tijd van het jaar, maar wel droog en dat is het belangrijkste, denkt ze terwijl ze de kraag van haar jas opzet. Na verloop van tijd kalmeert het ritmische bewegen van de zee haar gedachten die over elkaar heen willen tuimelen.

Karel heeft niets meer van zich laten horen nadat ze hem gezegd heeft dat niet meer te doen. Snapt hij niet dat ze juist wél wil dat hij van zich laat horen, dat ze wil dat hij helemaal naar Zeeland komt om haar op te eisen? Zo makkelijk kan hij haar toch niet laten gaan? Vroeger zou hij dat begrepen hebben. Zijn ze zo uit elkaar gegroeid dat hij dat niet meer aanvoelt?

Ze draait zich om met haar rug naar de wind. Haar voetstappen worden één voor één verzwolgen door de zee. De vloed komt op en het water stijgt. Nog even en dan is het niet meer te zien dat ze hier geweest is.

Een wolk schuift voor de zon. Een kilte daalt op haar neer. Zoutelande ligt nog in de zon. Ineens voelt ze zich vreselijk eenzaam. Ze hunkerde ernaar om even alleen te zijn, even op zichzelf, om geen rekening te hoeven houden met een ander, alleen met zichzelf. Wat zou dat heerlijk zijn, ze zou ervan opknappen. Maar dat is niet zo. Ze weet zich met zichzelf geen raad. Alles waar ze zo van wilde genieten, doet haar nu niets.

Ze bekent zichzelf dat ze eigenlijk gewoon terug naar Karel wil en naar haar eigen huis. Tegelijk weet ze dat ze daaraan niet moet toegeven. Ze heeft niet zomaar afstand genomen. De problemen zijn niet opgelost.

Ze springt haastig opzij voor een golf die bijna over haar voeten spoelt. Al haar voetstappen zijn nu verdwenen. De zon komt achter de wolk vandaan, in Zoutelande dooft nu het zonlicht. Zo is het leven. Zon en schaduw. Geluk en moeiten.

Ze draait zich weer om en loopt verder. Zon en schaduw horen bij elkaar. Geluk en moeiten misschien ook. Hoge toppen en diepe dalen. Je kunt er niets aan doen. Of toch wel, vraagt ze zich ineens af. De zon schijnt, ook al sta je in de schaduw. Het is alleen de vraag welke obstakels er voor de zon staan die voor schaduw zorgen. Misschien kun je een stap opzij doen of kun je die obstakels weghalen of verplaatsen zodat hun schaduw kleiner wordt. Misschien blijken het rotsen die halsstarrig op hun plaats blijven staan, al sjor je er nog zoveel aan. Dan zul je moeten accepteren dat de rotsen er zijn. Ze inpassen in je leven. Misschien zijn er rotsen die je in de loop van de tijd kunt passeren. Zoals de periode dat ze in de overgang zat. Dat heeft ze achter zich gelaten, het is een gepasseerd station. De sarcoïdose van Karel is een ander geval. Die reist tot het einde van zijn leven met hem mee als een blok aan zijn been. Hij zal dus een manier moeten vinden om ermee om te gaan.

En zij ook.

Maar hoe kan ze dat als hij dat niet doet? Dat is de kernvraag, beseft ze. Ze staat – om in haar eigen beeldspraak te blijven – met haar neus tegen een levensgroot rotsblok. Ze wil eromheen, eroverheen desnoods, maar dat wordt haar onmogelijk gemaakt.

'Dat is het precies!' zegt ze hardop. Je kunt niet lang stil blijven staan in het leven.

Dat is wat ze Karel duidelijk wilde maken. Wat ze aanvoelde, maar waar ze geen woorden aan kon geven. Karel staat als het ware ook met zijn neus tegen het rotsblok en blijft proberen erdoorheen te lopen. Dat kan niet. Hij komt er letterlijk geen stap verder mee. En zij daardoor ook niet. Samen staan ze stil, terwijl het leven aan hen trekt en rukt en aan hen voorbijgaat.

De zon schuift langzaam achter de wolk vandaan. Of is zij zelf uit de schaduw ervan gelopen?

Ineens komt een spreuk – een gebed is het eigenlijk – van Franciscus van Assisi in haar gedachten:

Geef me de moed om te veranderen wat ik kan veranderen.

Geef me de wijsheid om te accepteren wat ik niet kan veranderen.

Geef me het inzicht om het verschil tussen beide te zien.

In gedachten past ze het gebed aan:

Geef me de moed om de schaduwen weg te halen die weg te halen zijn.

Geef me de wijsheid om te accepteren welke schaduwen niet te verwijderen zijn.

Geef me het inzicht om het verschil tussen beide te zien.

Geef me de kracht om Karel dit te laten begrijpen.

Geef me geduld.

En uithoudingsvermogen, want ik ben moe.

Zo moe.

Het is alsof in de wind de echo weerklinkt van haar gedachten. Moe. Zo moe.

Hoe vaak heeft Karel dat afgelopen tijd wel niet gezegd? Ze

heeft bij die woorden alleen aan lichamelijke vermoeidheid gedacht. Dat is het ook voornamelijk geweest. Zou een deel niet meer geestelijke vermoeidheid kunnen zijn? Dat hij zich net zo voelt als zij?

Moe van het vechten, moe van het doorgaan omdat het moet, omdat ze het willen. Moe van het leven, dat nu meer schaduwen kent...

Niet levensmoe, corrigeert ze meteen haar gedachten. Juist niet. Dat is het juist. Karel wil door.

Dat gaat niet meer.

Niet meer zoals vroeger.

Dat zal hij moeten accepteren. En zij ook.

In een impuls trekt ze haar schoenen en sokken uit en laat die achter op het zachte, droge zand. Ze stroopt de pijpen van haar spijkerbroek op en loopt naar het water, dat koud om haar tenen spoelt, tintelend om haar enkels stroomt.

'Ik leef!' schreeuwt ze ineens.

'Dat is mooi, mens,' roept een bebaarde man terug. Hij tikt veelbetekenend tegen zijn voorhoofd. Hij vindt haar gestoord. Nou ja, zijn probleem. Hoe kan hij weten dat de storing juist is opgelost? Dat ze haar man beter begrijpt, zichzelf beter begrijpt, dan in tijden het geval is geweest? Blijkbaar had ze de geografische afstand nodig om de nodige afstand te creëren om meer inzicht te krijgen en te begrijpen waarom en waardoor ze vastliep.

Ze rilt. De kou van de zee trekt op en doet haar rillen. Die bebaarde man had toch wel gelijk. Ze is een beetje gek. Wie gaat nu zo lang staan kleumen in de zee?

Door het zachte zand loopt ze terug naar Zoutelande met haar schoenen in haar hand, en ze beseft dat de strijd nog lang niet gestreden is. Het feit blijft dat Karel zal moeten inzien dat er veel moet veranderen. Enerzijds rustiger aan doen en de activiteiten kiezen die prioriteit hebben, die het belangrijkst en het waardevolst zijn. Dat is wat haar betreft niet zijn werk. Niet fulltime in elk geval. Ze heeft zich jaren geleden al neergelegd bij de reistijd, dat was een permanente schaduw, waarvan hij had gekozen die te accepteren omdat hij veel plezier had in zijn werk. Uit liefde voor hem heeft zij dat op haar beurt ook geaccepteerd. Het is tijd om die schaduw te veranderen. Hij wordt te diep. Inktzwart.

Haar voeten zijn schoon en droog gelopen. Zittend in het zand klopt ze haar ijskoude voeten zo goed mogelijk af en trekt haar sokken en schoenen weer aan. Genoeg gefilosofeerd. Tijd om terug te gaan en te bedenken wat haar gedachten in de praktijk betekenen.

In een praktische bui doet ze meteen boodschappen bij de Jumbo. Nu hoeft ze vandaag en morgen in elk geval niet meer naar de winkel. Ze kan het niet precies beredeneren, maar ze voelt dat het goed is om nog niet naar huis te gaan, ook al kan ze straks zelf de puzzelstukjes op de juiste plaats leggen. Misschien voelt ze onbewust aan dat Karel meer tijd nodig heeft?

Zou hij de kinderen van haar vertrek op de hoogte gebracht hebben? Waarschijnlijk niet, denkt ze. Hij zal hopen dat ze snel terugkomt en dat ze niets hoeven te vertellen. Toen ze naar Middelburg vertrok, zag ze in gedachten hun huwelijk stranden. Het kan nog steeds. Dat beseft ze maar al te goed. Ze kan alleen maar bidden dat waar zij nieuwe inzichten mocht krijgen, hij ook aan het denken is gezet en dat ze tot dezelfde conclusie komen.

Thuisgekomen maakt ze een pittige kop koffie en denkt na. Karel móét stoppen bij deze werkgever. Thuiswerken kan nu eenmaal niet, en de reistijd maakt in deeltijd werken onzinnig. En verder, ach, ze wil zoveel veranderen. Voor het eerst vraagt ze zich af of het wel reëel is wat ze wil. Verwacht ze nu niet te veel?

Er glijdt een traan over haar wang als ze beseft dat hoe het ook loopt, de oude Karel er niet meer is. Die onvermoeibare man die een veeleisende baan wist te combineren met een druk gezin, die is er niet meer, en dat is iets dat zij moet accepteren. De ene traan volgt de andere. Eindelijk huilt ze. Ze kan niet vasthouden wat er niet meer is.

Morgen gaat ze naar huis. Naar Karel. Hij heeft haar nodig. Zij heeft hem nodig, als hij tenminste bereid is om los te komen van het rotsblok en een weg te kiezen die wel begaanbaar is.

Die nacht slaapt ze slecht. Ze twijfelt aan haar besluit. Of nee, niet aan het besluit, maar wel aan het tijdstip. Moet ze Karel niet meer tijd geven? Moet ze zichzelf niet meer tijd geven?

De beslissing wordt haar uit handen genomen. Pas tegen de ochtend valt ze in een onrustige slaap, waaruit ze een paar uur later zwetend en met zware hoofdpijn wakker wordt. Te vast geslapen, denkt ze in eerste instantie. Als ze overeind komt, wordt ze licht in haar hoofd en doen haar spieren pijn. Ze hoest en merkt dat haar keel ook pijnlijk is. Ze is ziek. En flink ook. Hoe kan dat zomaar ineens?

Rillend duikt ze onder de dekens. Had ze het net nog warm, nu heeft ze het ijskoud. Pas als ze later op de ochtend weer wakker wordt, bedenkt ze dat het gisteren niet heel slim was om zo lang met haar blote voeten in de koude zee te staan. Misschien was ze zonder dat ook wel ziek geworden, maar het zal er zeker geen goed aan hebben gedaan.

Ze dwingt zichzelf uit bed te gaan voor paracetamol en een kop thee, iets te eten hoeft ze niet. Het dekbed en het kussen heeft ze mee naar beneden genomen, daarmee installeert ze zich op de bank. Ze nipt van de thee waar ze een flinke lepel honing doorheen geroerd heeft. Verder ligt ze wat te suffen. Vage gedachten spelen door haar hoofd in zinnen die ze niet eens afmaakt.

In de loop van de dag gaat ze steeds meer hoesten. De hoofdpijn wil niet weg, haar voorhoofd gloeit en haar keel voelt rauw.

18

Met een frons leest Martien de berichtjes op haar mobiel. Tot voor kort ontving ze maar weinig berichtjes, want zoveel contacten heeft ze niet. Eigenlijk alleen haar collega's, en die appen zelden. Zo close zijn ze nou ook weer niet. De gamegroep is redelijk actief, maar die heeft ze op stil staan. Daarvan hoeft ze niet elk berichtje meteen te lezen. Vaak gaat het ook nergens over of maken ze zich druk over dingen waar zij haar schouders over ophaalt.

De meeste berichten die ze nu krijgt, zijn van Corné. Hij appt bijna dagelijks en heeft al een paar keer gevraagd of ze weer iets af zullen spreken. Ergens heen gaan, naar een dierentuin of een museum of zo. Ze durft niet goed te zeggen dat ze minder contact met hem wil. Eigenlijk, als ze eerlijk tegen zichzelf is, wil ze het ook helemaal niet, want ze mag hem erg graag en ze hebben het gezellig. Ze is alleen bang dat hij meer wil dan zij. Ze wil geen relatie. Ze durft het domweg niet aan. Ze speelt liever op safe. Ze heeft het prima naar haar zin zoals ze het nu heeft. Ze kan doen en laten wat ze wil. Ze hoeft naar niemands pijpen te dansen, want achteraf ziet ze steeds beter dat haar hele ritme vroeger om Rob draaide. Wat hij wilde, gebeurde en als zij iets wilde, had dat vaak veel voeten in de aarde of het kwam er niet van. Vooral dat laatste. Dat besefte ze toentertijd nog maar vaag. Het waren gevoelens van onvrede die ze wegdrukte. Zij vindt veel dingen leuk, net als nu met de voorstellen van Corné, het is haar om het even of ze naar een dierentuin gaan of naar een museum. Het is allebei leuk en interessant. Het was dus niet zo dat zij vaak dingen tegen haar zin deed, het was wel zo dat de dingen die zij bedacht, meestal niet gebeurden.

'We kunnen ook dit gaan doen' of 'Lijkt het je niet beter als we dat doen?' was de standaardreactie van Rob. Meestal vond ze het prima, soms sputterde ze tegen. Een enkele keer probeerde ze vast te houden aan haar eigen plannen. Dan gaf Rob uiteindelijk wel toe, maar vaak had hij dan een afgrijselijk humeur en was haar uitje nog verknoeid. Gek dat ze dat achteraf pas duidelijk zag. Ze is te meegaand. Dat is wat ze op functioneringsgesprekken een aantal keer te horen heeft gekregen. Ze zou een pleaser zijn. Het klopte niet met haar gevoel. Ze sprak er met Linette over, en die zei dat als ze eerlijk was, ze het er wel mee eens was. Ze protesteerde. Zo voelde het helemaal niet. Maar zo kwam het wel over, zei Linette.

Ze heeft zich er een poos vervelend over gevoeld en er veel over nagedacht. Elke keer als ze toegaf, in haar werk, tegenover haar collega's of tegen andere mensen die ze kende. Ze moest toegeven dat ze toegeeflijk is. Meestal begrijpt ze goed waarom een ander iets wil, en dat gunt ze hem of haar. Als daar volgens de wetten en regels niets op tegen is, waarom zou ze het dan weigeren? Ze vindt het fijn om een ander een plezier te kunnen doen, en als ze het zelf ook leuk vindt, dan is daar niets mis mee.

Dat dacht ze tenminste. Maar blijkbaar wel dus. Ze moet op haar strepen gaan staan, en dat is iets dat ze altijd lastig vindt. Ze kan het wel, als ze maar genoeg getriggerd wordt. Rob, die vreemdging met haar beste vriendin en nog dacht dat ze daar wel overheen zou stappen. Zo meegaand is ze nou ook weer niet.

Nog eens leest ze de berichtjes van Corné. Hij is nu wat specifieker met zijn voorstel. Of ze zaterdag meegaat naar Leiden, daar is een tijdelijke tentoonstelling in het Rijksmuseum van Oudheden, waarvan hij denkt dat zij die ook graag wil zien. Ze bekijkt de link die hij meestuurt. Hij heeft gelijk. Het lijkt haar een interessante tentoonstelling. Wat ze overigens van de meeste tentoonstellingen zou vinden, bedenkt ze met een glimlach. Ze heeft gewoon een brede belangstelling. Het Scheepvaartmuseum of het Tropenmuseum had ze ook interessant gevonden. Een paar weken geleden zou ze meteen ja gezegd hebben, maar nu twijfelt ze. Als hij meer wil en zij durft niet, is dat dan wel eerlijk?

In een impuls trekt ze haar regenjas en waterdichte schoenen aan. Buiten miezert het. In deze kleding kan ze ertegen. Ze moet een stuk lopen, haar gedachten op een rijtje zetten, want eigenlijk weet ze niet meer of ze zichzelf nog snapt. Het is verstandiger Corné wat op een afstand te houden, maar eigenlijk... wil ze dat niet. Wat betekent dat? Wat krijgt voorrang: haar verstand of haar gevoel?

Het water druipt van haar capuchon over haar voorhoofd in haar ogen. Ze knippert en schudt met haar hoofd. Ze kan het bijna niet geloven dat ze hier überhaupt over nadenkt. Haar besluit om lekker alleen te blijven was toch een rotsvast besluit?

Het stemmetje van haar gevoel begint te praten. Ze weet toch helemaal niet zeker dat hij meer wil dan vriendschap? Als hij dat laat merken, is het toch vroeg genoeg om dat te zeggen? Zolang ze maar geen aanleiding geeft om hem te laten denken dat er meer dan vriendschap mogelijk is. Toch?

Ze komt er niet uit. Zeker niet als het stemmetje oppert of het geen optie is om haar besluit om de rest van haar leven alleen te blijven opnieuw te overwegen. Tot haar verbazing antwoordt haar verstand dat dat misschien niet zo'n gek idee is. Als ze eerlijk is, moet ze toegeven dat dingen alleen doen niet altijd even leuk is en dat het haar heerlijk lijkt om een klankbord te hebben. Om iemand te hebben die om haar geeft en die haar waardevol vindt.

Plons! Haar linkervoet verdwijnt in een diepe plas. Ze glijdt uit en valt in de modder. Ze krabbelt op. Haar broek is doorweekt en haar pols doet zeer. Daar heeft ze zeker de klap mee opgevangen. Dat heb je er nou van als je zo diep in gedachten bent en niet oplet waar je loopt, moppert ze op zichzelf. Gelukkig kan ze een pad binnendoor nemen en is ze snel thuis. Een hete douche doet wonderen. Ze besluit een dag te wachten voor ze Corné antwoord geeft, om een soort van afstand in te bouwen, maar wel mee te gaan, want het is gewoon een leuk voorstel van hem en ze weet helemaal niet zeker of hij meer dan vriendschap zou willen. Ze neemt zich voor erop te letten dat ze geen verwachtingen schept die ze niet waar wil maken en open en eerlijk te zijn naar Corné toe, en verder is het gewoon een fijne vriendschap die ze niet gezocht heeft, maar waar ze wel blij mee is.

Die zaterdagochtend staat ze in alle vroegte rillend op het perron. Ze hebben besloten met de trein te gaan. Corné appte dat hij in de achterste coupé zit en beneden, want het is een dubbeldekker. Zo vroeg in de ochtend is de trein nog vrij rustig en zijn de coupés nog redelijk overzichtelijk. Vreselijk vindt ze het om iemand uit een massa te pikken. Dat lukt haar nooit. Op recepties waar ze dan haar collega's moet terugvinden, doolt ze vaak ook lang rond voor ze hen vindt op een plek waar ze naar haar idee allang gekeken heeft. Ongemakkelijke toestanden zijn dat, vindt ze.

Dit keer maakt ze zich voor niets druk, want Corné is opgestaan en zwaait meteen om haar aandacht te trekken. Ze zwaait terug, wacht tot de mevrouw voor haar haar koffer in het bagagerek gehesen heeft en laat zich dan naast hem neerploffen.

'Goedemorgen,' lacht ze.

'Ook goedemorgen, koffie?' Hij wacht haar antwoord niet af, maar schuift een beker koffie in haar richting.

'Jaaa, daar heb ik nu net zin in.'

'Dat dacht ik al. Het zal wel bijna drinkbaar zijn ook.'

Ze ruikt aan de koffie en neemt een slokje. 'Heerlijk. Ik geloof dat ik dat het allerlekkerste vindt, dat eerste slokje koffie op een dag.'

Hij schudt zijn hoofd en lacht. 'Heb je nog geen koffie op dan?'

Nu schudt zij haar hoofd. 'Nee, ik moet zelfs nog ontbijten.' Ze pakt een plastic bakje met brood uit haar tas. 'Ik was een beetje laat vanochtend.'

'Zomaar, of was er iets aan de hand?'

'Nee, zomaar.' Ze gaat echt niet vertellen dat ze kledingcrisis had en zich wel drie keer omgekleed heeft. En ze weigert al helemaal om erover na te denken waarom ze kledingcrisis had.

Bij elk station wordt de trein voller. Voor ze het weten, stoppen ze op Amsterdam-Zuid waar ze over moeten stappen.

'Op hetzelfde perron, dat is makkelijk,' merkt ze op.

In Leiden moeten ze even kijken welke kant ze op moeten. Het blijkt geen lastige route te zijn, die goed te lopen is. Het is duidelijk dat Leiden een historierijke stad is. Steeds wijzen ze elkaar op bijzondere details.

Het museum is nog maar net open als ze aankomen. Toch is het er al druk. Net als de meeste andere bezoekers besluiten ze eerst de tijdelijke tentoonstelling te bekijken. Ze doen het op hun gemak.

'Dat was interessant,' zegt Corné als ze alles gezien hebben. Hij kijkt hoe laat het is. 'Twaalf uur al. Zullen we eerst even gaan zitten en wat eten?' stelt hij voor.

'Dat is best,' stemt ze toe. Ze heeft wel zin in koffie en een broodje. Het is druk, en als er een tafeltje vrijkomt, snelwandelt ze er dan ook meteen naartoe. Corné lacht erom, maar bekent dat het wel fijn is om even te kunnen zitten. 'Dat slenteren is veel vermoeiender dan wandelen,' zucht hij.

Ze praten niet veel. Martien merkt wel dat Corné inderdaad moe is. Het is waarschijnlijk het beste hem even rustig te laten zitten. Ze bedenkt dat hij normaal gesproken tussen de middag even zijn bed in duikt. Dat gaat nu natuurlijk niet. Ze eet langzaam en genietend van het broodje beenham en wacht tot Corné zelf voorstelt om verder te gaan. Ze beginnen bij de prehistorie van Nederland, helemaal boven in het gebouw. Vitrines gevuld met pijlpunten, bijlstenen, kommen en ook siervoorwerpen. Natuurlijk lang niet zo strak en symmetrisch als de voorwerpen die in deze tijd gemaakt worden, maar toch vaak met verfijning of zo glad en scherp afgewerkt dat ze ineens een beetje jaloers wordt op de mensen van toen. Wie steekt er nu nog zoveel tijd in het bewerken van een enkel voorwerp?

'In ons tempo redden we het niet om in één dag alles te bekijken,' constateert ze.

'Dat hoeft toch ook niet?' zegt Corné nuchter. 'Er komt wel weer een volgende tentoonstelling die ons aanspreekt, en dan bekijken we de rest.'

'Strak plan. Stoppen we dan nu of...?' Ze merkt best dat Corné flink moe is en ze moeten ook nog terug, maar hij moet het zelf aangeven, vindt ze. Hij is een volwassen kerel en zij is zijn moeder niet.

Maar Corné vindt dat ze nog wel een zaal kunnen bekijken, en nog een, en nog een. Het ligt haar op de lippen om te zeggen dat hij niet zo eigenwijs moet doen, maar ze slikt de woorden in. Eindelijk stelt hij voor om af te haken en terug te gaan naar het station.

Zoveel als ze op de heenweg te bepraten hadden, zo stil zijn ze nu. Allebei zijn ze verdiept in hun eigen gedachten. Die van Martien zijn nogal verwarrend. Nu ze alerter is op het gedrag van Corné, heeft ze gemerkt dat hij steeds naar haar kijkt als hij denkt dat zij dat niet in de gaten heeft. De blik in zijn ogen is dan veelzeggend. Haar hart klopt in een tempo dat niet past bij het rustig in de trein zitten. Op de een of andere manier is er iets gebeurd vandaag. Ze vindt het doodeng, maar als Corné nu zou vragen of er meer in zit dan vriendschap, dan gelooft ze dat ze dat toch maar een kans moet geven. Ze kan niet precies zeggen wanneer dat besef vandaag gekomen is. Ze is zich er in elk geval van bewust geworden dat ze veel interesses delen, over veel dingen hetzelfde denken en over de dingen waar ze verschillend over denken, kunnen ze goed praten en samen lachen. Hij laat haar in haar waarde, ze voelt zich op haar gemak bij hem. Dat is het! En hij vindt haar leuk. Rob vond haar niet leuk, die lachte niet om haar invallen en kon het niet waarderen als ze een andere mening had. Vandaag heeft ze gevoeld hoe het is als de ander oprecht belangstelling voor je heeft en je een mooi mens vindt. Als een ander van je houdt? Kan ze het zo benoemen voor zichzelf? Ze durft bijna te denken van wel.

En nu? Ze heeft geen idee. Stel je voor dat ze ernaast zit. Stel je voor dat Corné nu gewoon een leuke, maar vermoeiende dag heeft gehad en dat toevallig met haar als kennis met dezelfde interesses. Ze moet er bijna hardop om giechelen. Zit ze daar met een hart dat als een razende klopt haar voornemen om zeep te helpen om nooit, nooit, nooit meer aan een relatie te beginnen, en dan doet het hem niets. Dat kan niet, toch?

Of wel?

Corné sluit zijn ogen en leunt met zijn hoofd tegen het raam. Liet Martien hem voorgaan zodat hij bij het raam kan zitten? Heeft ze gemerkt dat hij doodmoe is? Ze keek hem af en toe zo aan, al zei ze niets. Aan haar gezicht kan hij altijd zien dat ze meer denkt dan dat ze zegt.

Hij moet even bijkomen. Even niet praten. Niet met de ogen dicht, want dan slaapt hij op het eindpunt waarschijnlijk nog. Martien kijkt rustig voor zich uit en lijkt op het moment ook even geen behoefte aan praten te hebben. Hij zou zijn hoofd op haar schouder willen leggen in plaats van tegen het kille raam. Stel je voor dat hij het echt zou doen. Hoe zou ze reageren? Hij durft het niet te proberen.

Hij durft niet eens te vragen wat hij wil vragen. Wat dat betreft was naar een museum gaan en dan ook nog met de trein niet zijn meest briljante plan. Steeds massa's mensen om hen heen. In de trein luistert iedereen mee. Toch was het een mooie dag en is hij er nog meer van overtuigd geraakt dat zijn zus gelijk heeft en meer nog, dat hij een kansje maakt bij Martien. Hij heeft vandaag ook haar zorgzame kant gezien. Ze deed expres heel langzaam met haar broodje, zodat hij zo lang mogelijk kon zitten en het niet leek alsof ze onnodig een tafeltje bezet hielden. Het was druk in het museumrestaurant en lege stoelen werden meteen door andere mensen in beslag genomen. Hij had erom moeten lachen, omdat hij het zo lief vond, maar toen ze vroeg waarom hij lachte, had hij iets gezegd van dat hij het zo leuk vond. Wat hij leuk vond liet hij in het midden en ze vroeg er niet op door, omdat hun aandacht afgeleid werd doordat op het tafeltje naast hen een glas sneuvelde.

'Amersfoort,' zegt Martien. 'We moeten overstappen. Zullen we hier wat eten?'

'Prima,' knikt hij. 'Ik heb trek.' Hij voelt zich gelukkig wat beter dan aan het begin van de treinrit.

'Ik heb ook trek,' beaamt ze.

Onder het eten praten ze over koetjes en kalfjes. Het is druk en de tafeltjes staan te dicht op elkaar voor een gesprek dat niet voor andere oren bestemd is. Zeker niet omdat hij niet weet hoe ze reageren zal. In het verleden heeft ze verschillende keren laten blijken dat ze het leven zonder partner helemaal prima vindt, en heeft ze niet al te subtiel duidelijk gemaakt dat ze niet op een relatie zit te wachten. Dat is wat het verleden met haar gedaan heeft. Het kan zo anders, en dat wil hij haar graag bewijzen.

Maar durft ze het aan? Is de tijd rijp? Durft ze het aan met hem?

Ineens slaat de twijfel weer toe. Hij, een chronisch zieke, die zich hoogstwaarschijnlijk de rest van zijn leven in acht zal moeten nemen. Hij, een man die in de kracht van zijn leven zou moeten zijn, maar dat niet is. Ze verdient beter. Mag hij haar dit aandoen?

'Moe?' vraagt ze als ze weer in de trein zitten.

'Mwah, gaat wel.' Hij geeft bijna automatisch antwoord. Binnen de patiëntenvereniging praat hij makkelijk over het gebrek aan energie en de vermoeidheid en over de kortademigheid bij inspanning. Ook al is de sarcoïdose nu rustig, de beschadigingen in zijn longen herstellen niet meer en dat maakt dat hij niet meer zoals vroeger de trap oprennen kan of een sprintje kan trekken om de trein te halen zonder compleet buiten adem te zijn.

'Hmm,' zegt ze. Het klinkt kortaf. Hij houdt zijn mond ook maar en staart naar buiten waar het landschap donker voorbijglijdt. Ze passeren Apeldoorn en naderen Deventer voor ze weer wat zegt.

'Ik vind het veel fijner als je eerlijk antwoord geeft en niet het sociaal gewenste.'

'De meeste mensen willen dat alleen maar horen,' weerlegt hij. 'Net als bij mensen die vragen hoe het met je gaat. Die willen ook alleen maar "goed" horen.'

'Ik ben niet de meeste mensen. Ik wil graag een eerlijk antwoord, ook al is dat een antwoord waarvan je denkt dat ik dat niet zo leuk vind.'

'Dan vinden ze me een zeur.'

'Ik niet,' zegt ze nadrukkelijk. 'Je hebt het er toch niet steeds over? Ik vroeg ernaar, maar ook als je er wel zelf over begint, dan nog wil ik graag de waarheid. Wat heb ik eraan als ik me steeds af moet vragen of het wel klopt wat je zegt?'

'Als je het zo bekijkt...' geeft hij toe.

'Zo bekijk ik het.' Ze lacht even en wordt weer ernstig. 'Het is ook beter voor jezelf als je eerlijk aangeeft hoe je je voelt. Dan hoef je je niet groot te houden.'

Haar been raakt het zijne. Expres? Hij weet het niet.

'Ik wil me soms groothouden,' werpt hij tegen.

'Soms zal het inderdaad wel moeten, maar soms is het ook ronduit eigenwijs.' Haar ogen lachen in de zijne. Hij snapt wel dat ze doelt op vanmiddag.

'Dat museum is ook zo groot.'

'Je had zelf gezegd dat we er nog wel een keer terugkwamen.'

'Jaaa,' zegt hij vaag.

De trein remt af.

'Ik moet eruit, dit is Almelo al. Doeg, het was gezellig vandaag,' zegt ze. Ze staat op, legt even haar hand op zijn schouder en voor hij het weet, is ze verdwenen.

Nadenkend blijft hij zitten. De trein komt weer in beweging. Was dit wat hij denkt dat het was? Een soort van voorwaarde stellen? We kunnen wel verder, maar dan wel als je je niet groothoudt en niet eigenwijs bent? Als je het gewoon zegt zoals het is?

Hij vergeet bijna zelf uit te stappen. Net voor de deuren sluiten, stapt hij het Hengelose perron op. Langzaam loopt hij het korte stukje van het station naar huis. Ze heeft hem beter door dan hij dacht, en ze heeft gelijk. Natuurlijk heeft ze gelijk. In feite zegt ze tegen hem hetzelfde als hij tegen Karel heeft gezegd. Wees open en eerlijk, daarmee creëer je duidelijkheid. Onduidelijkheid, eigenwijs zijn en je groothouden zorgen juist voor onbegrip. Er is al zoveel onbegrip, doordat het een vrij zeldzame en dus voor veel mensen onbekende ziekte is, en aan de buitenkant is niets te zien. Dat maakt het moeilijk om simpelweg te accepteren dat iemand beperkingen heeft. Als je in een rolstoel zit of met een blindenstok loopt, is het veel duidelijker wat de mogelijkheden en onmogelijkheden van iemand zijn, denkt hij voor de zoveelste keer.

Neuriënd hangt hij zijn jas aan de kapstok.

19

'Ja, pa, dat was wel te verwachten,' zegt Jos nuchter.

Hij krijgt een elleboogstoot van Sabine. 'Joh! Dat zeg je toch niet?'

Karel negeert zijn dochter. 'Vind je?'

'Ja, pa, als ik eerlijk ben, kijk ik er niet zo van op. Ma zat er al een poos behoorlijk doorheen.'

Sabine legt haar hand op die van Karel. 'Je moet niet vergeten dat ze eerst die nare jaren in de overgang gehad heeft. Toen ze daar een beetje uit was, werd jij ziek. Daar kun je natuurlijk niets aan doen, evenmin als zij dat kon, maar het trekt wel een zware wissel op haar. Plus de onzekerheid.'

'Hoe bedoel je dat?' vraagt Karel.

'De overgang is een keer voorbij, dat gaat over. Maar van jouw ziekte was dat veel minder duidelijk. De meeste mensen genezen, maar niet iedereen. Ook de klachten en de restklachten zijn heel verschillend, en het verloop van de ziekte ook. Dat was voor jou zwaar en onzeker, maar voor ma ook. Dat heb je je misschien niet zo gerealiseerd, dat is niet gek, maar wel een grote factor die erbij komt.'

Karel steunt met zijn ellebogen op de keukentafel en verbergt zijn gezicht in zijn handen.

'Is opa weer moe?' Matt komt de keuken in. Sabine staat op en neemt het jochie mee naar de kamer.

'Zie je wel, pa, zelfs Matt vraagt meteen of je moe bent.'

Karel kreunt. 'Ik wist niet… ik besefte niet…' Hij blijft een poosje stil.

'Het heeft tijd nodig,' zegt Jos zacht. 'Voor jou, maar ook voor ons. Jij moet ermee leren leven, maar wij ook.'

'Ik wil niet dat een jochie als Matt meteen vraagt of opa moe is,' zegt Karel fel.

'Het was niet alleen dat, het was ook je houding op dat moment. Met je hoofd in je handen. Hij had net zo goed kunnen vragen of je verdrietig was.'

'Maar dat deed hij niet.'

'Nee.'

'Waarom hebben jullie nooit iets gezegd?'

'We waren wel van plan het aan te kaarten, maar het leek of het nooit het goede moment was,' zucht Jos. 'We hebben ook nooit gedacht dat ma er zomaar een poos tussenuit zou gaan.'

'Moet ik naar haar toe gaan of moet ik haar met rust laten?' vraagt Karel met een zucht.

'Moeilijk,' vindt Jos.

'Jullie hebben ook niets van haar gehoord?'

Jos schudt zijn hoofd. 'Niets. Toen ze vorige week kwam oppassen, heeft ze er met geen woord over gerept. We horen het nu voor het eerst. Ik neem aan dat ze dinsdag niet komt, dus dan moeten we...'

'Ik kom,' valt Karel hem in de rede.

'Neem je vrij?'

Kan dat nu ineens wel? Dat had je dan ook wel eerder, veel eerder, kunnen doen. Die vragen hoort Karel doorklinken in de verbaasde vraag van Jos.

Hij glimlacht treurig. 'Ik moet mijn dagen opmaken, want ik heb met wederzijds goedvinden ontslag gekregen en een andere, minder zware baan gevonden, maar daar begin ik over een paar weken pas. Ik wilde ma ermee verrassen.' Na twee dagen thuis ziek thuis te zijn geweest, was hij weer aan het werk gegaan, maar hij merkt dat zijn hart er niet meer bij is.

'Pa,' zucht Jos.

Karel steekt zijn hand op en zegt: 'Ja, ik weet het, rare verrassing. Zeg maar niets. Ik weet ook niet wat ik precies dacht. In elk geval was ik van plan het haar te vertellen op de dag dat ze weggegaan is. Als ze een dag gewacht had...'

'Of als je haar erin betrokken had...' vult Jos aan.

'Ja, achteraf zou dat het beste zijn geweest, natuurlijk. Grote beslissingen neem je samen, hoe vaak heb ik dat niet tegen jullie gezegd?'

'Dat is niet op één hand te tellen,' lacht Jos zuurzoet.

'Precies, ik had beter moeten weten.'

Sabine komt de keuken weer in. Ze kijkt hen vragend aan. Jos brengt haar met een paar woorden op de hoogte.

'O pa,' zegt Sabine alleen maar. Het is even stil. Dan zegt ze: 'Koffie?'

Beide mannen knikken. 'Sabine lost alles op met koffie,' zegt Jos.

'Was het maar waar,' reageert ze. 'Maar met een kop koffie lijkt alles wel... ja, hoe moet ik dat zeggen? Overzichtelijker, minder erg... Zoiets.'

'Matt is weer aan het spelen?' vraagt Jos.

'Ja, hij wilde een garage bouwen van Duplo. Ik heb hem even op weg geholpen.'

Ze zet drie mokken met koffie op tafel en schuift er ieder een toe.

'En nu?' vraagt ze praktisch.

Karel en Jos halen eensgezind hun schouders op en kijken haar aan.

Nu heft Sabine haar handen op. 'Ik? Nee hoor, pa heeft de sleutel in handen. Wat zou ik kunnen doen?'

'Mijn pleitbezorger zijn.'

'De voorloper zijn.'

Ze zeggen het tegelijk. 'Want pa kan het zelf niet meer af?' informeert ze.

'Jawel,' zegt Karel. 'Ik besef dat ik degene ben die het goed moet maken met haar, maar ik weet niet in hoeverre ma daar nog voor openstaat of dat ik het onherstelbaar verknoeid heb.'

'En dat zou ik dus moeten uitzoeken?'

'Eh, ja...' geeft Karel toe. 'Vroeger...' gaat hij peinzend verder. ‘Vroeger trok ze zich ook weleens terug en dan wilde ze juist dat ik naar haar toe kwam. Alsof ze bevestiging zocht.’

‘Nu niet meer?’ vraagt Jos praktisch.

‘Ik weet het niet.’

‘Ma zal zich in elk geval onzeker voelen over de situatie, anders had ze geen time-out genomen, en al zeker niet zonder overleg,’ zegt Sabine. ‘Ik denk dat ma het moeilijker heeft gehad dan ze heeft laten merken. Misschien is het inderdaad goed om haar eerst tot rust te laten komen.’

‘Hoelang?’

‘Dat weet ik toch niet?’ zegt Sabine. ‘Ik weet niet eens of het klopt wat ik zeg. Voor hetzelfde geld snakt ze ernaar dat je meteen aan komt draven.’

‘Dat geloof ik niet,’ zegt Jos. En Karel schudt zijn hoofd. ‘Ik mocht geen berichten meer sturen. Ze liet zelf wel weer wat van zich horen. Geen bericht is goed bericht, zeg maar. Ik denk dat ze tijd nodig heeft om alles op een rijtje te zetten.’

Uit de kamer klinkt gehuil van Matt en het schelle stemmetje van Jess.

‘Bonje, de garage is stuk,’ zegt Jos laconiek terwijl hij opstaat.

‘Gun haar dan die tijd, pa,’ zegt Sabine. ‘Ik wil best naar ma toe gaan, maar ik denk dat het niet goed is als ik jouw kastanjes uit het vuur haal. Ik denk namelijk dat ze door weg te gaan duidelijk de bal bij jou neer heeft gelegd. Trouwens, ze heeft ons niet laten weten dat ze in het huis van Jan en Elly logeert. Zolang ik niets van haar hoor, denk ik dat ik dat ook moet respecteren.’

‘Je zult wel gelijk hebben,’ geeft Karel toe. Wat een lastige situatie en wat een domkop is hij geweest om alles buiten Jantine om te regelen als ‘verrassing’. De verrassing is dat hij eindelijk de waarheid onder ogen heeft gezien en maatregelen heeft genomen. Dat zou geen verrassing moeten zijn, maar iets gewoons. Had hij dat maar eerder beseft.

Wat is ze beroerd! Jantine drukt haar handen tegen haar ribbenkast en probeert tegendruk te geven terwijl ze hoest. Ze knapt nog niet erg op ondanks de paracetamol, gemberthee en verzachtende keelsnoepjes. Hoestdrank durft ze niet te gebruiken, want ze hoest steeds slijm op. Dat moet eruit, maar het gaat steeds moeizamer. Het lijkt wel of het taaier wordt en lastiger om op te hoesten. Als het maar niet uitdraait op longontsteking. Karel had tabletjes die het taaie slijm dunner en soepeler maakten, die kon je ook bij de drogist halen, als ze zich dat goed herinnert. Ze moet straks echt proberen om naar het winkelcentrum te gaan. Zelfmedicatie inslaan en eten, al heeft ze nergens zin in. Ze moet toch iets eten en vooral drinken is belangrijk. Ze zal dan ook een thermometer kopen, zodat ze kan controleren hoe hoog de koorts is.

Ze trekt het dekbed hoog op als de koude rillingen ineens over haar lijf lopen. Het volgende moment duwt ze ze van zich af, want dan heeft ze het ineens veel te warm. Ze zapt wat op de televisie, maar van de programma's die ze ziet, krijgt ze weinig mee. Het geluid en de beelden kabbelen langs haar heen. Ze verbreken de stilte. Er is vrijwel geen programma dat ze afkijkt, want ze sukkelt steeds weg in een onrustige slaap.

Het loopt al tegen vier uur als ze genoeg moed verzameld heeft om haar auto uit de garage te rijden en boodschappen te doen. Ze rijdt langzaam en probeert zich te concentreren op de weg. Eigenlijk is het niet verantwoord om achter het stuur te kruipen, denkt ze. Maar ja, ze moet toch wat?

Hoe ze het doet, weet ze achteraf niet, maar een uur later ligt ze totaal gevloerd op de bank. Ze kan alleen maar hopen dat ze alles meegenomen heeft wat ze mee moest nemen. Ze kan haar ogen niet openhouden.

Pas tegen acht uur wordt ze weer wakker. Ze warmt een blik romige champignonsoep op. Bliksoep is haar meestal te zout, maar nu smaakt het haar juist goed. De soep glijdt heerlijk glad naar binnen. Pas later bedenkt ze dat de soep wel fijn was voor haar keel, maar dat daardoor de slijmproductie toegenomen is. Ze neemt al expres geen melk en melkproducten meer, maar aan de romige soep heeft ze niet gedacht. Gelukkig heeft ze de tabletten gevonden die het slijm dunner en daardoor makkelijker op te hoesten maken. Helaas merkt ze daar nog niet veel van.

Ze kan het niet opbrengen om naar bed te gaan en brengt de nacht door op de bank, wat in het begin wel goed gaat, maar halverwege de nacht ligt ze te woelen en te draaien en is de bank toch wel smal en lang niet zo comfortabel als haar bed.

Eindelijk wordt het licht en is de lange, stille nacht voorbij. Ze hijst zich overeind als een hoestbui haar overvalt. Als die eindelijk afgezakt is, is ze benauwd en haalt ze piepend adem. Niet voor de eerste keer denkt ze dat ze als ze thuis was, allang naar de dokter gegaan was. Op eigen initiatief, maar waarschijnlijker nog omdat Karel haar geen andere keus gegeven zou hebben. Zeker nadat de sarcoïdose bij hem geconstateerd was en hij daar achteraf gezien al veel langer last van had. Steeds een hoestje, steeds vaker een flinke hoestbui, wat kortademig. In het begin kocht hij keelpastilles en dat leek te helpen. Ach, iedereen heeft weleens een kuchje of een hoestje. Een huisarts maakt zich daar als alles verder goed lijkt, de eerste weken zeker niet druk om... als je voor zoiets al naar de dokter gaat. Karel deed het niet. Zeker tijdens hun reis niet. Een vreemde arts in een onbekend land bezoek je niet zomaar. Pas toen de klachten zo hinderlijk werden dat ze zijn doen en laten merkbaar beperkten, heeft hij een afspraak gemaakt met de huisarts. Die gaf hem antibiotica en daarmee zou het wel overgaan. Dat gebeurde niet, dus toen hij terugging, werd hij doorgestuurd om een longfoto te laten maken. Na een paar dagen zou hij voor de uitslag kunnen bellen. Het was meer voor de zekerheid dan dat de huisarts meteen iets dacht te vinden. Diezelfde dag kreeg hij telefoon of hij gelijk weer naar het ziekenhuis kon komen. Ze hadden 'iets' op de foto gezien.

Ontredderd hadden ze elkaar aangestaard. Iets op de foto zien en ervoor teruggeroepen worden... dat kon alleen maar iets ernstigs zijn.

'Een tumor?' Aarzelend had Karel het uitgesproken.

Ze had niets gezegd, het was ook het enige wat zij kon bedenken.

'Dat ziet er best goed uit,' had Karel bij het zien van de longfoto naïef opgemerkt. Zij wist beter. Longen horen er zwart uit te zien op de foto. Er was veel te veel wit. Dat was niet goed.

Ze belandden in een reeks van onderzoeken, biopsie, bronchoscopie, bloedprikken, wachten op uitslagen. Een tumor werd gelukkig al snel uitgesloten, maar wat het dan wel was... Ze hadden nog geboft. Soms duurt het heel lang voor sarcoïdose vastgesteld wordt. De klachten kunnen zo algemeen en ook zo divers zijn, dat een diagnose lastig is. Tel daarbij op dat het een redelijk zeldzame ziekte is, waar dus ook niet door artsen meteen aan gedacht wordt. Gelukkig troffen ze een coassistente die er behoorlijk wat vanaf wist. Zodra ze bij haar terechtkwamen, dacht ze meteen aan sarcoïdose en deed ze gericht onderzoek. Geen fijne diagnose, maar beter dan onzekerheid.

In het begin leken de klachten niet veel minder te worden ondanks de prednisolon. Hij werd doorverwezen naar het ziekenhuis in Nieuwegein, waar één van de kenniscentra rond sarcoïdose zit. In die periode had Karel zich ook helemaal ziek gemeld. Hij putte zich uit om zijn werk maar gedaan te krijgen. Hij moest veel meer rust nemen. Toen leken de medicijnen pas echt wat te doen. Al zou Karel Karel niet zijn als hij toch niet van alles ondernam. Door de medicijnen was hij ook minder vermoeid, zei hij. Achteraf vraagt ze zich af of dat geen illusie was. Zou hij zich niet alleen maar energieker hebben gevoeld, maar het eigenlijk niet geweest zijn, zodat hij ook deze periode steeds weer zijn grenzen overschreed?

Ze moet naar het toilet, ze heeft dorst en ze voelt zich vies en plakkerig. Toch kan ze niet meteen de moed en energie vinden om ook maar een van deze dingen aan te pakken. Uiteindelijk wordt de nood zo hoog dat ze geen andere keus meer heeft. Zich vasthoudend aan de meubels schuifelt ze naar het toilet. Daarna dwingt ze zichzelf de trap op. Douchen is geen optie, maar het lukt haar zich wat op te frissen en een schone pyjama aan te trekken. De laatste schone pyjama die ze bij zich heeft. Ze moet wassen. Normaal geen probleem, ook niet om uit te vinden hoe de haar onbekende wasmachine werkt, maar nu...

Met moeite maakt ze een kop gemberthee, hoewel ze zich zo langzamerhand afvraagt of die gember wel iets doet. Een droge cracker vormt haar ontbijt.

Meer doezelend dan wakker doorstaat ze de volgende dagen. Als op een gegeven moment de bel gaat, kan ze de energie niet opbrengen om te reageren. Het zal wel een postbezorger zijn of zo. In elk geval niet iemand voor haar, want ze woont hier niet en ze heeft ook niets besteld.

'Weet je zeker dat het hier is?' Vragend kijkt Sabine Karel aan.

'Ja, het is wel even geleden dat we hier geweest zijn, maar dit moet het goede huis zijn. Ja, zie je wel, het nummer klopt.'

'Dan is ze zeker even weg. Laten we in elk geval hopen dat het maar even is. Voor hetzelfde geld komt ze vanavond pas weer thuis.'

'Als alles maar goed is,' zegt Karel. 'Dan ga ik desnoods zonder een woord te wisselen weer terug, maar ik moet weten dat er niets aan de hand is.'

'O nee,' zegt Sabine grimmig. 'Jullie praten het maar uit. Desnoods ga ik alleen terug. Waar ben je gebleven met je principes? Nooit met ruzie gaan slapen en nooit boos de deur uit lopen.'

'Je hebt gelijk, maar als ma niet wil praten...'

Sabine zegt niets meer. De frons op haar voorhoofd wordt dieper.

Karel deelt haar zorgen. Ze hebben Jantine, zoals ze gevraagd heeft, een aantal dagen met rust gelaten. Hij hoopte dat ze daarin de juiste beslissing namen. Elke dag heeft hij getwijfeld of hij toch maar zou bellen of, beter nog, erheen gaan. Ze hebben Maxime en Philip van de situatie op de hoogte gesteld. Ook zij bleken geen contact met Jantine gehad te hebben. 'We zeiden net tegen elkaar dat we al een paar dagen weinig van jullie gehoord hadden,' zei Maxime. Ook zij wisten niet waar ze het verstandigst aan deden. Daniëlle zei op haar voortvarende manier dat zij wel even een neutraal berichtje zou sturen over een breipatroontje voor een truitje voor Jade. Ze voegde de daad bij het woord, maar de uren verstreken zonder antwoord. Sabine en Philip stuurden toen ook een berichtje, maar ook daar kwam geen antwoord op. Toen begon hij zich serieus zorgen te maken. Hoe complex Jantine ook in elkaar mocht zitten, voor de kinderen was ze bereikbaar. Overal en altijd. Ook voor kleine, schijnbaar onbelangrijke dingen. En nu werden de eerste berichten wel afgeleverd, maar niet gelezen. De laatste berichten werden niet eens afgeleverd. Dat klopte niet, daar waren ze het allemaal over eens. Misschien was ze haar telefoon kwijt, had ze hem per ongeluk uitgezet, was hij stukgegaan... in alle gevallen zou ze het hebben laten weten. Misschien niet aan hem, maar wel aan de kinderen. Op z'n allerminst aan Sabine met het verzoek dat door te geven aan Maxime en Philip.

'We gaan er morgenochtend gelijk heen.' Sabine en hij zeiden het tegelijk. De lange rit hadden ze grotendeels zwijgend doorgebracht terwijl allerlei scenario's door hun hoofd speelden, totdat Sabine met een beslist gebaar de radio aanzette op een dusdanig volume dat het hun gedachten overstemde. 'We denken aan steeds luguberder dingen,' riep ze boven de radio uit. 'De kans is veel groter dat het iets simpels is.'

Hij had geknikt. Ze had gelijk, natuurlijk had ze gelijk. Als het iemand anders betrof, zou hij het ook zo gezegd hebben, maar het betreft Jantine en dat maakt alles anders. Hij heeft er nooit bij stilgestaan dat hij haar kan verliezen doordat problemen hun boven het hoofd groeien. Hij dacht dat hun liefde alles aan zou kunnen. Hij hoopt en bidt dat dat nog steeds waar zal blijken te zijn. En nu? Nu staan ze voor een dichte deur. Hoe kan het dat hij geen moment aan die mogelijkheid gedacht heeft? Hij had erop gerekend te moeten praten als Brugman om binnen te mogen komen, maar ook dat Jantine hen natuurlijk binnen zou laten, omdat ze zou zien dat hij meende wat hij zei en omdat ze altijd vindt dat je best van mening kunt verschillen, maar dat je daar als volwassen mensen met respect voor elkaar en elkaars mening over moet kunnen praten.

'Waar kan ze zijn?' vraagt Sabine.

'Hoe moet ik dat weten?'

'Tja... Wat nu?'

'Het is raar om in de auto te blijven zitten wachten. Dan bellen de buren op een gegeven moment ook de politie. Zullen we om te beginnen ergens een broodje gaan eten? Het loopt tegen twaalf uur. Misschien is ze daarna wel weer thuis.'

'Laten we dat maar doen,' stemt ze in.

Maar als ze terugkomen, wordt er nog niet opengedaan. Sabine stelt voor om op de bonnefooi wat rond te rijden langs de winkels en het strand. Karel heeft geen beter idee, en zo rijden ze wat rond in de omgeving. Bij de supermarkt zien ze nergens de auto van Jantine staan. Op weg naar het strand valt Karel in slaap, hij kan zijn ogen eenvoudigweg niet openhouden. Na een goed halfuur wordt hij wakker. Het korte dutje heeft hem goedgedaan.

'Niets gezien?' vraagt hij overbodig.

Sabine schudt haar hoofd. 'Zullen we nog maar eens aanbellen? Hopelijk is ze nu wel thuis.'

Weer wordt er op hun bellen niet opengedaan.

'Ik hoor wat.' Sabine steekt luisterend haar vinger op.

Dan hoort hij het ook. Iemand hoest en niet zo'n klein beetje ook. Jantine? Is ze ziek? Doet ze daarom niet open?

20

De klok in de kamer laat een slag horen. In de stilte van de nacht is dat duidelijk te horen in de slaapkamer. Het gebeurt maar zelden dat hij de klok nog bewust hoort, zeker op dit tijdstip. Corné draait zich op zijn andere zij. Hij is zo moe dat hij er niet van kan slapen. Ook dat gebeurt hem tegenwoordig niet vaak meer. Sinds hij besloten heeft te accepteren dat zijn lichaam nu andere grenzen stelt dan vroeger en hij daar goed naar luistert, zijn dit soort nachten gelukkig zeldzaam geworden. Volgens zijn zus is hij daar zelfs weleens te krampachtig in, maar zij weet niet hoe het voelt om dagen nodig te hebben om dat ene uitje of wat het dan ook maar is, te verwerken. Het moet wel heel erg de moeite waard zijn als hij zijn protesterende lijf negeert.

Vandaag – of eigenlijk gisteren, want het is al twaalf uur geweest en de volgende dag is dus begonnen – was het de moeite waard geweest, denkt hij. Het was sowieso een leuke dag. Leiden is een prachtige stad en het museum erg interessant. Verbazingwekkend eigenlijk dat hij er nog nooit eerder geweest was.

Martien is een gezellige vrouw. Ze hebben hetzelfde soort humor en kunnen goed samen praten. Dat is de buitenkant van de dag geweest. Gewoon een fijne dag met een goede vriendin, een dag zonder wanklanken. Onder die buitenkant is meer gebeurd, hij weet het bijna zeker. Ze moet aangevoeld hebben dat hij weleens meer van haar zou kunnen vragen dan alleen vriendschap, en daarover heeft ze laten weten wat ze dan belangrijk vindt. Openheid en eerlijkheid. Niet eigenwijs je mond houden en maar doorgaan als het eigenlijk niet kan, dat was de onderliggende boodschap. Ze moet op zijn woorden kunnen vertrouwen en zich niet intussen afvragen of het echt nog wel verstandig is om door te gaan. Ze moet erop kunnen vertrouwen dat hij tijdig zijn grenzen aangeeft. Wat heel logisch is, want dat verwacht hij andersom ook. Het is alleen dat zijn grenzen in de meeste gevallen veel sneller bereikt worden dan de hare, en dat hij zich dus steeds de spelbreker zal voelen. Zal hem dat niet gaan opbreken? Zal hij...

Eindelijk valt hij in slaap. De volgende ochtend voelt hij zich geradbraakt als hij wakker wordt. Toch staat hij op. Van blijven liggen gaat hij zich alleen maar ellendiger voelen, is zijn ervaring. Hij kan beter vroeg weer gaan liggen en misschien vandaag twee keer een dutje doen.

Hij maakt koffie en eet een cracker met oude kaas voor hij een douche neemt. Hij schuift het douchekrukje dat hij eens in een opwelling in een aanbieding gekocht heeft onder de douche. Op dagen als deze is het heerlijk om niet te hoeven blijven staan. Hij sluit zijn ogen terwijl het hete water over zijn hoofd en lijf stroomt.

Als hij zich eindelijk aangekleed heeft, schemert het hem voor de ogen. Hij moet weer liggen. De douche heeft hem goedgedaan en hem tegelijk van zijn laatste energie beroofd. Zodra hij de dekens over zich heen getrokken heeft, slaapt hij, om uren later pas weer wakker te worden. Hij voelt zich een heel stuk beter dan toen hij vandaag voor de eerste keer wakker werd.

Het is alsof hij de stem van zijn zus hoort. 'Tijd om door te pakken.' Appen, bellen of langsgaan? Hij besluit tot het laatste. Vragen of het uitkomt of op de bonnefooi? Hij kiest weer voor de laatste optie. In het ergste geval is Martien niet thuis of komt het niet uit. Zo ver is het nou ook weer niet rijden, dus dat risico neemt hij maar.

Haar auto staat er, ziet hij meteen. Dat zegt natuurlijk niet alles. Ze kan nog steeds weg zijn of visite hebben.

Hij drukt op de bel, vrijwel meteen gaat de deur open. Martien is thuis en heeft geen visite.

Martien leunt tegen de deurpost en kijkt de auto na. Ze zwaait en Corné toetert voor hij om de hoek uit het zicht verdwijnt. Ze glimlacht terwijl ze langzaam de deur sluit. Ze had niet verwacht dat Corné al zo snel over de brug zou komen. Ze had er vannacht zelfs nog aan getwijfeld of hij wel begrepen had wat ze bedoelde. Ze weet nu dat ze daar niet aan had hoeven twijfelen. Hij heeft het heel goed begrepen, en het gaf de doorslag om te vragen of ze zijn vriendin wilde zijn. Hij snapte dat ze niet alleen aan had gegeven wat ze in een relatie verwacht, namelijk eerlijkheid en openheid, zeggen wat je bedoelt, maar ook dat ze aangaf dat ze hem geen blauwtje zou laten lopen.

Ze zet de waterkoker aan en lacht hardop. Ze kan het zelf nog niet eens geloven. Het is nog maar zo kort geleden dat ze 'nooit, nooit, nooit meer' een relatie wilde en absoluut zeker wist dat ze in alle opzichten veel beter af was dan met een relatie. Een relatie knelt, benauwt en doet je jezelf verliezen.

Dat was haar ervaring, en die ervaring wilde ze nooit meer meemaken. Ze durfde er niet meer in te geloven dat een goede relatie voor haar weggelegd zou zijn. Een mens is immers geneigd om continu in dezelfde soort relaties te stappen? *Been there, done that.* Dat was haar motto. Eens, maar nooit weer. En kijk nu eens!

Hij hoefde niet eens wat te zeggen, al deed hij het wel. Zodra ze de deur opendeed en Corné zag staan, wisten ze genoeg. Allebei. Hij had zijn armen om haar heen geslagen, meer niet, en ook dat was precies goed. Ze had thee gemaakt, want beiden hadden ze al de nodige koppen koffie achter de kiezen. En ze hadden gepraat, veel gepraat. Prietpraat over koetjes en kalfjes, maar ook heel serieus over hun wensen, dromen en verwachtingen, die nu ineens zo anders leken te worden. In plaats van 'ik' en 'mij' wordt het 'wij' en 'ons'.

Durft ze het echt aan? Ze staat voor het raam, dat beslaat door haar adem. Ze tekent er een hartje in en schudt lachend haar hoofd. Het moet niet gekker worden. Gaat ze als een verliefde puber nu hartjes tekenen? En dat terwijl ze van zichzelf nog maar amper kan geloven dat ze dit aandurft.

'We doen rustig aan,' heeft ze bedongen. Corné heeft het haar beloofd. 'We gaan niet sneller dan jij wilt.' Het was geruststellend en tegelijk veelzeggend, dat besefte ze meteen. Corné zal waarschijnlijk sneller willen – en kunnen – dan zij, die nog moet leren om vertrouwen in een relatie te hebben. Maar hij belooft haar tempo aan te houden, geduld met haar te hebben. Hij zal het nodig hebben, vermoedt ze, want al is ze hier vol overtuiging in gestapt, ze vindt het ontzettend spannend. Ze wil niet nog een keer voor de verkeerde kiezen. Het moet alles of niets zijn. Ze weet zeker dat als dit op niets uitloopt, ze spijt heeft als haren op haar hoofd dat ze niet veilig langs de kant is blijven staan en een goede vriendschap een goede vriendschap heeft laten blijven. Als het misloopt, is ze niet alleen weer een nare ervaring rijker, maar waarschijnlijk ook een dierbare vriendschap kwijt.

Ze huivert. Ze moet er niet over nadenken. Was het moedig om haar overtuiging dat ze alleen moest blijven te veranderen, of had ze de wijsheid moeten hebben om in te zien dat dat niet verstandig was? Miste ze inzicht? Vanmiddag was ze zo vol vertrouwen, en Corné is amper de straat uit of de twijfel dreigt al toe te slaan. Dat mag ze niet laten gebeuren. Nu ze zo moedig in het bootje gestapt is, moet ze het de kans geven naar zijn bestemming te varen. Toch? Of is hier de spreuk 'beter ten halve gekeerd dan ten hele gedwaald' van toepassing?

De telefoon gaat over.

Corné.

'Heb je al spijt?' Zijn stem klinkt plagerig, maar ze hoort de ondertoon van ernst.

'Niet echt,' zegt ze aarzelend. Ze wil eerlijk zijn. Hoe moeilijk het ook is, uitspreken wat ze voelt. Daarmee stelt ze zich kwetsbaar op, en dat is precies waarom ze niet meer dicht bij iemand wilde komen. Het is wel wat ze vandaag afgesproken hebben. Geen dubbele bodems of dingen verzwijgen.

'Maar je was wel aan het herkauwen,' reageert hij na een korte stilte.

'Ja, zoiets. Ik vroeg me af of ik het goede gedaan heb. Of ik dit wel kan.'

'Niet twijfelen,' zegt hij meteen. 'Je bent een fijne, warme en zorgzame vrouw, Martien. Ik heb dat vaak genoeg gezien. Dit is je angst weer gekwetst te worden.'

'Ja, misschien wel,' geeft ze toe.

'Ik zal je niet kwetsen. Nooit. Ik zal er voor je zijn. Altijd,' belooft hij.

Ze snuift.

'Wat doe je?' vraagt hij.

'Ik geloof dat ik huil.'

'Gekkerd.' Zijn stem klinkt vertederd. 'Moet ik terugkomen?'

'Nee,' weet ze meteen. 'Het is goed nu.'

En dat is het ook. Beurtelings zingend en neuriënd tuttelt ze nog een poosje doelloos rond.

De dagen die volgen, lijken licht en zonnig, al laat het weer zich van een heel andere kant zien. Het is buiig en guur voor de tijd van het jaar. Ze ziet Corné lang niet elke dag, in die zin doen ze inderdaad rustig aan. Bellen doen ze des te vaker, soms wel drie of vier keer per dag. Overdag zijn het korte gesprekjes. Even goedemorgen zeggen of iets vertellen wat op het werk voorgevallen is. Daarentegen zitten ze hele avonden aan de telefoon. Vaak pratend over van alles en nog wat, van luchtige kletspraatjes tot diepgaande gesprekken, soms ook zijn ze aan het gamen en hebben ze intussen de telefoonlijn openstaan. Ze had nooit gedacht dat ze zoiets gezellig zou vinden.

Toen ze dat tegen Corné zei, zei hij dat ze zichzelf niet zo goed kende als ze dacht. Ze was ertegenin gegaan, maar na een poosje goedmoedig bekvechten had ze moeten erkennen dat hij voor een deel wel gelijk had. Natuurlijk heeft ze zoals ieder mens behoefte aan contact, gehoord en gezien worden, aan iemand die haar liefheeft. Ze heeft die kant jaren weggestopt en genegeerd. Het werkte, tot Corné kwam. Toen heeft ze die kant afgestoft en tevoorschijn gehaald. Het lijkt alsof ze moet inhalen wat ze tekort is gekomen. Ze vond het fijn om alleen te zijn en haar eigen ding te doen, en nog steeds kan ze zich alleen prima vermaken. Nu mag ze ontdekken dat het heerlijk is om met de juiste persoon samen te zijn en hem steeds beter te leren kennen. Met zijn goede en zijn minder goede eigenschappen.

Ze heeft ontdekt dat Corné, die meestal zo rustig en kalm overkomt, behoorlijk driftig kan zijn. Ook ontdekt ze nu pas hoeveel invloed de sarcoïdose en dan met name het gebrek aan energie op zijn leven - en nu dus hun leven - heeft. Ze weet dat hij het lastig vindt om er open over te zijn. Hij voelt zich dan snel een zeur, en hij heeft het idee dat hij haar tekortdoet als ze een activiteit voortijdig moeten afbreken of zelfs helemaal moeten laten schieten. Ze heeft hem in die zin gelijk gegeven dat hij ook niet elke keer als hij lam en moe is hoeft te melden dat hij zo moe is. Aan de andere kant hoort het er gewoon bij en moet hij het daarom gewoon kunnen benoemen, juist als het op dat moment zijn functioneren in de weg staat. En zij wil dat gewoon als feit accepteren. Het is niet anders. Ze heeft inzicht genoeg om dat in te zien. Ze hoopt dat er in de loop van de tijd verbetering zichtbaar wordt, of misschien komt er een middel op de markt dat de intense vermoeidheid tegengaat of wat afzwakt. Tenslotte staat de medische wetenschap niet stil. Tot die tijd moeten ze ermee leven, en dat is voor Corné zwaarder dan voor haar. Hij leefde in een ritme dat goed werkte voor hem. Nu moeten ze samen een nieuw ritme vinden. Tot haar verwondering durft ze er vertrouwen in te hebben dat hun dat gaat lukken.

'Thee.' Karel zet een kopje thee op het nachtkastje en gaat op de rand van het bed zitten. Onderzoekend kijkt hij zijn vrouw aan. 'Hoe voel je je?'

Jantine komt wat omhoog en Karel propt zorgzaam een kussen in haar rug.

'Moe,' zegt ze. 'Zo moe. Ik kan me gewoon niet voorstellen dat ik me ooit nog weer normaal ga voelen.'

'Welkom in mijn wereld,' zou Karel willen zeggen. Hij doet het niet. Hij weet nog wel dat als hij ziek was, hij zich ook zo kon voelen. Hij nam zich dan voor om als hij beter was, dagelijks te danken voor zijn gezondheid. Dat deed hij een paar dagen, twee weken misschien, en daarna ebde het dankbare gevoel weg. Het was weer zo gewoon om je fit te voelen. De laatste jaren beseft hij hoe ondankbaar hij toen geweest is. Het gekke is dat hij nu veel dankbaarder is voor zijn relatieve gezondheid en voor de mogelijkheden die hem nog gebleven zijn, dan vroeger.

'Dat komt wel weer,' zegt hij en hij legt zijn hand op de hare.

'Kun je wel zoveel vrij nemen?' had ze een paar dagen geleden gevraagd. 'Ik kan best alleen blijven, hoor.'

Daar was hij het niet mee eens geweest. De dokter had haar het liefst in het ziekenhuis opgenomen, alleen door het feit dat er dag en nacht iemand voor haar zou zijn, mocht ze thuis verzorgd worden. Als de situatie ook maar iets verslechterde, dan moest ze beslist naar het ziekenhuis.

Jantine heeft er de eerste dagen zelf niet veel van meegekregen, daar was ze veel te beroerd voor. De lange rit naar huis had ze onrustig slapend doorgebracht. Haar eigen auto hadden ze in de garage van Jan en Elly laten staan. Af en toe had Jantine onsamenhangend gepraat. Hij verstond lang niet alles. Sabine, die achter het stuur zat, verstond er nog minder van, maar het was genoeg om af en toe om te kijken en een blik van verstandhouding met hem te wisselen.

Wat heeft hij haar tekortgedaan door bijna al zijn energie

in zijn werk te stoppen. Eerst was hij zich er niet van bewust dat hij daarin een keuze gemaakt had. Je bent kostwinner, je hebt een baan en een baas die iets - veel - van je verwacht, dus je eerste doel is genoeg geld verdienen om je gezin te kunnen onderhouden. Je moet per week zoveel uren maken, dus die maak je, want werken is een vast agendapunt. In aandacht naar het gezin is men vaak flexibeler, daar kan meer geschoven worden en is er meer begrip voor als het er even niet van komt. Nu weet hij dat het zo niet werkt. Misschien in overleg met het thuisfront voor een afgebakende periode, maar niet voor altijd.

Toen hij inzag dat het zo niet langer kon, was zijn denken blijkbaar al zoveel vertroebeld dat hij niet besefte dat hij zulke beslissingen niet kan maken zonder Jantine erin te kennen. Zelfs niet als verrassing. Ze hebben nog veel uit te praten. Van twee kanten, want ook Jantine had opener moeten zijn, ronduit aan moeten geven dat het zo niet langer ging. Toch snapt hij het wel. Net als hij is zij meegevoerd in de stroom van elke dag en werd het steeds moeilijker het hoofd boven water te houden. Ze raakten elkaar kwijt in die stroom, en gesprekken waren bijna niet meer mogelijk. Daardoor namen ze elk hun eigen beslissingen.

Hij glimlacht naar haar. 'Wil je je thee?'

Ze glimlacht terug en knikt. Als je al zoveel jaar samen bent, versta je elkaar ook zonder woorden. Ook al moet er nog veel uitgesproken worden, ze weten allebei dat het goed komt. Er is een nieuwe fase in hun leven begonnen. In de loop der jaren zijn ze samen door veel fases gegaan. Elk met hun eigen moeilijkheden en uitdagingen, elk met hoogtepunten en momenten die mooie herinneringen maken. Soms raakten ze elkaar in de hectiek even kwijt, maar altijd vonden ze elkaar weer terug.

Ook nu.

Hij pakt het lege theekopje aan en zet het op het nachtkastje. Ze slaat het dekbed open. Hij gaat naast haar liggen en pakt haar handen in de zijne. Ze kijken elkaar aan met ogen die meer zeggen dan woorden. Hun verbondenheid is weer terug. Zwaar beproefd en sterk genoeg gebleken.

De oogleden van Jantine zakken langzaam dicht, haar gezicht is kalm en sereen. Haar handen ontspannen zich. Zacht kust hij ze.

Nawoord

Sarcoïdose is een zeldzame ziekte waarbij, door onbekende oorzaak, ontstekingen ontstaan. Bij zo'n ontsteking hopen witte bloedcellen zich op. Deze ophopingen heten granulomen. Deze ontstekingen kunnen vrijwel overal in het lichaam voorkomen. Bijna altijd, in zo'n 90% van de gevallen, zijn de longen aangedaan. Ook kan de sarcoïdose optreden in meerdere organen en weefsels tegelijk. De ziekte kan bijna ongemerkt verlopen en bij toeval ontdekt worden. Vaak is het verloop dan mild en is er geen medicatie nodig. Het kan ook zijn dat er een heel scala aan (ernstige) klachten optreedt. De aard van de klachten hangt uiteraard af van waar de sarcoïdose in het lichaam actief is.

De meest voorkomende (rest)klacht is extreme vermoeidheid, en dat wordt door veel mensen met sarcoïdose ervaren als de voornaamste beperking.

Er is geen medicijn dat sarcoïdose kan genezen, de medicatie die eventueel voorgeschreven wordt, is gericht op het onderdrukken van de ontstekingen. De meeste patiënten zijn tussen de 20 en 40 jaar oud als sarcoïdose ontdekt wordt.

Bron: www.sarcoidose.nl

Geef me de moed is een roman, fictie dus, geen uitputtende medische verhandeling. Daarom heb ik ervoor gekozen dat Karel en Corné zich op het moment van dit verhaal in een rustige fase van de sarcoïdose bevinden. Het kan zijn dat die rustige fase blijvend is, maar er kunnen ook regelmatig opvlammingen zijn. Dat laatste is in het verhaal dus niet aan de orde.

(Extreme) vermoeidheid is een symptoom dat bij veel chronische ziekten optreedt en waar je vaak maar mee moet leren leven. Dat dat grote impact op iemands leven heeft, moge duidelijk zijn. Daarnaast heeft die vermoeidheid ook zijn weerslag op de relaties die die persoon heeft. Hoe dichter een relatie bij die persoon staat, hoe duidelijker de gevolgen van de vermoeidheid en het gebrek aan energie zullen zijn. Een vage kennis die je vrijwel alleen via WhatsApp spreekt, zal er veel minder onder lijden dan je moeder bij wie je normaal gesproken een paar keer per week op bezoek komt. Je huisgenoten – je partner en je eventuele kinderen – worden er uiteraard het meest mee geconfronteerd. En niet alleen dat. Zij zullen vrijwel altijd ook aanpassingen moeten doen in hun ritme en gewoonten. In een druk gezin met kinderen zal het bijvoorbeeld flink wennen zijn om tussen de middag rust te creëren omdat papa of mama moet slapen. Wanneer je familie of vrienden aan de andere kant van het land hebt en altijd op dezelfde dag heen én terug ging, moet je nu misschien blijven overnachten. Het is vaak niet makkelijk om een nieuw evenwicht te vinden. Voor de patiënt niet, en voor de naasten ook niet.

Geef me de moed is een verhaal over nieuw evenwicht vinden in het leven en in relaties. Zoeken en elkaar weer vinden. Maar het is ook een verhaal over moed houden en doorgaan. Elk mens is waardevol, onmisbaar en van betekenis. Jantine kan niet zonder haar Karel, hij is haar vangnet van acceptatie en vertrouwen dat ze zo nodig heeft. Zonder Corné had Martien nu nog op haar zelfgekozen eiland van eenzaamheid gezeten.

Karel, Jantine, Corné en Martien, alle vier hebben ze de moed om, op hun eigen manier, te veranderen wat ze veranderen konden, maar ze hebben ook het inzicht gekregen in wat er niet te veranderen is en wat ze zullen moeten accepteren.

We laten Karel en Jantine, Corné en Martien achter op de

drempel naar een nieuwe fase in hun leven en wensen hun veel geluk.

Wie weet, tot ziens!

Simone Foekens